rororo – Mit Kindern leben

Zu diesem Buch

Über zwei Millionen Stieffamilien gibt es in der Bundesrepublik, das sind etwa zehn Prozent aller Familien. Und sie alle fragen sich, wann sie endlich eine Familie wie jede andere sein werden. Gar nicht, sagen die Autorinnen dieses Buches, denn Stieffamilien sind komplexe Gefüge mit sehr viel mehr Mitgliedern als in Kernfamilien. Alle bringen eine eigene Geschichte und ihre Gewohnheiten mit. Sie müssen sich in einer neuen Familienkonstellation zusammenfinden und miteinander leben lernen. Dieser Prozeß braucht Zeit, bietet aber auch die Chance, sich von den traditionellen Rollen von Mutter, Vater und Kind zu lösen und anders als in der vorangegangenen Familie miteinander umzugehen.

Die Autorinnen leben zum Teil selber in einer Stieffamilie, und alle haben Erfahrungen in der Beratungsarbeit mit Stieffamilien. Sie zeigen anschaulich, in welchen Phasen sich Stieffamilien entwickeln und wie die neuen Aufgaben und Rollen aussehen. Sie geben Hinweise, wie typische Fallen erkannt, Schwierigkeiten gemeistert und befriedigende Beziehungen gestaltet werden können. Und sie klären über die rechtliche Situation auf. Buchtips und Adressen vervollständigen diesen umfassenden Ratgeber.

Hinweise auf die Autorinnen finden Sie auf Seite 169

Verena Krähenbühl
Anneliese Schramm-Geiger
Jutta Brandes-Kessel

Meine Kinder, deine Kinder, unsere Familie

Wie Stieffamilien zusammenfinden

Rowohlt Taschenbuch Verlag

Herausgegeben von Bernhard Schön und Horst Speichert

Redaktion Bettina Mähler

rororo Mit Kindern leben
und
die Deutsche Liga
für das Kind

Partnerschaft für Eltern, Kinder und Familie

Originalausgabe
Veröffentlicht im Rowohlt Taschenbuch Verlag GmbH,
Reinbek bei Hamburg, April 2000
Copyright © 2000 by Rowohlt Taschenbuch Verlag GmbH,
Reinbek bei Hamburg
Umschlaggestaltung Büro Hamburg, Susanne Reizlein
(Foto: The Image Bank)
Alle Rechte vorbehalten
Satz Apollo PostScript (PageOne)
Gesamtherstellung Clausen & Bosse, Leck
Printed in Germany
ISBN 3 499 60327 6

Inhalt

Vorwort

Empfinden Sie sich als Mutter in der Stieffamilie häufig zwischen zwei Stühlen, und fühlen Sie sich von den vielen Anforderungen müde und gestreßt? – Fragen Sie sich als Vater, der nur noch an Wochenenden mit seinen Kindern lebt, wie Sie Vater für Ihre Kinder bleiben können, wenn nur der Terminkalender die gemeinsame Zeit regelt? – Fühlen Sie sich als Stiefmutter unter dem Erwartungsdruck, Ihre Stiefkinder wie eigene Kinder zu lieben und merken, daß dies nicht gelingt? Wie sollen Sie sich verhalten, da Sie auf keinen Fall die «böse Stiefmutter» wie im Märchen sein wollen? – Geht es Ihnen als Stiefvater ähnlich? Sind Sie vielleicht als «Retter» in die Stieffamilie gekommen und fühlen sich heute in der neuen Familie oft allein? – Und wie geht es Dir als Kind in der Stieffamilie? Wie kannst Du Dich «unter zwei Dächern» zu Hause fühlen?

Vielleicht haben solche und ähnliche Fragen zum Zusammenleben in der Stieffamilie dazu geführt, daß Sie dieses Buch in die Hand nehmen. Wir hoffen, daß es uns gelingt, Ihre Fragen aufzugreifen und Hilfen anzubieten. Ein Handbuch ist freilich kein Kochbuch nach dem Motto: «Man nehme ...» Es ist eine Art Wanderkarte, die verschiedene Wege zum gewünschten Ziel zeigt. In diesem Sinn will das vorliegende Handbuch informieren und Hinweise geben, wie das Zusammenleben in der Stieffamilie

gelingen kann. Dabei ist uns bewußt, daß jede Stieffamilie und deshalb auch Ihre Familie einzigartig ist und daß wir Ihnen keine einfachen Lösungen anbieten können und wollen.

Wir haben uns bemüht, die für Stieffamilien typischen vielfältigen Strukturen klar und übersichtlich darzustellen, um das Buch gut lesbar zu halten. Sie können bei der Lektüre ohne weiteres mit dem Teil beginnen, der Sie am meisten interessiert, beispielsweise bei der Beschreibung des Stiefvaters. Sie werden immer wieder Hinweise auf andere Rollen finden, da wir jede Rolle in ihrer wechselseitigen Beziehung zu den anderen Stieffamiliemitgliedern beschreiben. So können Sie das gesamte Beziehungsgeflecht der Stieffamilie immer im Auge behalten.

Daß wir ein Handbuch für Stieffamilien schreiben, hat zum einen mit unserem beruflichen Hintergrund zu tun. Wir arbeiten in unterschiedlichen Zusammenhängen beratend mit Stieffamilien. Wir bieten Fortbildungsseminare an für Berater von Stieffamilien. Zum anderen sind wir von diesem Thema auch persönlich betroffen:

Verena Krähenbühl
Ich bin in meiner Lehr- und Beratungstätigkeit auf die Andersartigkeit von Stieffamilien aufmerksam geworden. Zusammen mit einer Kollegin und zwei Kollegen habe ich in einem über vierjährigen Forschungsprojekt Stieffamilien beraten und die Erkenntnisse aus dieser Arbeit erstmals 1986 veröffentlicht. Das Buch ist für Familienberater bestimmt und inzwischen in vier Auflagen erschienen (Krähenbühl u. a., 4. Auflage 1995). – Im Lauf der Zeit wurde mir klar, daß mich nicht nur mein Forschungsinteresse zu dieser Thematik gebracht hat. Ich bin 1977 aus der Schweiz in die Bundesrepublik Deutschland übergesiedelt und habe dabei ähnliche Erfahrungen gemacht wie Stiefkinder, die nach der Trennung nicht so recht wissen, wohin sie gehören. Ich hatte eine mir wichtige Lebensgemeinschaft verlassen, und zur neuen fand ich nur langsam Zugang. Ich wollte mich an beiden Orten zu Hause fühlen, und dies gelang mir anfangs nur schwer. Diese Erfahrung hat mich geprägt und auch persönlich für die Arbeit mit Stieffamilien motiviert.

Anneliese Schramm-Geiger
Die Stieffamilie ist die mir am meisten vertraute Familienform. Ich bin in einer Stieffamilie groß geworden und gründete dann selbst, zusammen mit meinem zweiten Partner und meiner Tochter, eine Stieffamilie. Als ich Anfang der 80er Jahre zum erstenmal einen Artikel von Verena Krähenbühl und ihren Mitautoren über Stieffamilien las (Krähenbühl u. a. 1984), fielen mir Steine von der Seele. Die Andersartigkeit meiner Stieffamilie wurde mir bewußt, und mir ging auf, daß wir in unserer Stieffamilie nicht

schwierige Menschen sind, sondern daß sich bei uns manche Lebensbedingungen etwas komplizierter als anderswo gestalten.

Jutta Brandes-Kessel
Ich habe vor 15 Jahren meinen jetzigen Mann kennengelernt, der aus erster Ehe eine Tochter (heute 21 Jahre) hat. Ich selbst brachte aus erster Ehe einen Sohn (heute 18 Jahre) in die Beziehung. Mein Mann und ich haben einen gemeinsamen Sohn (heute 6 Jahre). Den Reichtum und die Vielfalt der unterschiedlichen Beziehungen in der Stieffamilie und in ihrem Umfeld lernte ich erst nach und nach sehen und schätzen. Manches blieb in den ersten Jahren unentdeckt und war überlagert durch alltägliche Anpassungsschwierigkeiten und Unsicherheiten. Heute sind die Schwierigkeiten, die wir anfangs durchaus hatten, in den Hintergrund getreten. Jeder von uns hat in unserem großen Familienkreis seinen festen und klaren Platz, und wir respektieren uns gegenseitig. Meine persönlichen und beruflichen Erfahrungen haben mich bewogen, diese Einsichten an Stieffamilien weiterzugeben und ihnen für ihre Situation Mut zu machen.

Wir danken den vielen Menschen, die uns unterstützt und uns wichtige Anregungen gegeben haben. Ausdrücklich möchten wir Ursula Eisenbarth, Hans Hold-Eisenbarth, Günter Härtel und die Kinder Anna und Sarah nennen. Ilse Rapp und Monika Tack von der Bundesarbeitsgemeinschaft Selbsthilfegruppen Stieffamilien haben uns mit wertvollen Hinweisen geholfen. Brigitte Gugerel, Rechtsanwältin in Darmstadt, hat das Buch durch ihre Ausführungen zur rechtlichen Situation von Stieffamilien bereichert und ergänzt. Dr. Ursula Peukert hat uns wichtige inhaltliche Anregungen gegeben. Hilde Frerichs hat das Manuskript in den Computer eingegeben und uns dadurch wesentlich unterstützt. Bettina Mähler verdanken wir wichtige Hinweise zur Struktur dieses Buches. Ihnen allen einen herzlichen Dank!

Wir widmen dieses Buch den vielen Stieffamilien, die uns im Lauf der Beratungsarbeit immer wieder mit ihrem Vertrauen und ihrer Offenheit geholfen haben, zu erfassen und zu verstehen, was Stieffamilien sind und worin ihre Chancen liegen.

Verena Krähenbühl   Oktober 1999
Anneliese Schramm-Geiger
Jutta Brandes-Kessel

1 Die Stieffamilie – vom Tabu zum Zukunftsmodell

Schneewittchen

Es war einmal mitten im Winter, und die Schneeflocken fielen vom Himmel, da saß eine schöne Königin an einem Fenster, das hatte einen Rahmen von schwarzem Ebenholz, und nähte. Und wie sie so nähte und nach dem Schnee aufblickte, stach sie sich mit der Nadel in den Finger, und es fielen drei Tropfen Blut in den Schnee. Und weil das Rote in dem Weißen so schön aussah, so dachte sie: Hätt ich doch ein Kind so weiß wie Schnee, so rot wie Blut und so schwarz wie dieser Rahmen. Und bald darauf bekam sie ein Töchterlein, so weiß wie Schnee, so rot wie Blut und so schwarz wie Ebenholz, und darum ward es das Schneewittchen genannt.

Die Königin war die Schönste im ganzen Land, und gar stolz auf ihre Schönheit. Sie hatte auch einen Spiegel, vor den trat sie alle Morgen und fragte:

«Spieglein, Spieglein an der Wand:
wer ist die schönste Frau in dem ganzen Land?»

Da sprach das Spieglein allzeit:

«Ihr, Frau Königin, seid die schönste Frau im Land.»

Und da wußte sie gewiß, daß niemand schöner auf der Welt war. Schneewittchen aber wuchs heran, und als es sieben Jahre alt war, war es so schön, daß es selbst die Königin an Schönheit übertraf, und als diese ihren Spiegel fragte:

«*Spieglein, Spieglein an der Wand:*
wer ist die schönste Frau in dem ganzen Land?»,
sagte der Spiegel:
«*Frau Königin, Ihr seid die schönste hier,*
aber Schneewittchen ist noch tausendmal schöner als Ihr!»
Wie die Königin den Spiegel so sprechen hörte, ward sie
blaß vor Neid, und von Stund an haßte sie das Schneewittchen, und wenn sie es ansah und dachte, daß durch seine
Schuld sie nicht mehr die Schönste auf der Welt sei, kehrte
sich ihr Herz herum. Da ließ ihr der Neid keine Ruhe, und
sie rief einen Jäger und sagte zu ihm: «*Führ das Schneewittchen hinaus in den Wald an einen weiten abgelegenen Ort, da
stich's tot, und zum Wahrzeichen bring mir seine Lunge und
seine Leber mit, die will ich mit Salz kochen und essen.*»
(Die Kinder- und Hausmärchen der Brüder Grimm, Urfassung 1812/1814, S. 156 f.)

Sie haben richtig gelesen: In der Urfassung des Märchens von Schneewittchen war nicht die Stiefmutter eifersüchtig auf ihr Stiefkind, sondern die leibliche Mutter auf ihr eigenes Kind! Sieben Jahre später ergänzten die Brüder Grimm den Urtext zur heute allgemein bekannten Fassung:

Und wie das Kind geboren war, starb die Königin. Über ein Jahr nahm sich der König eine andere Gemahlin. (Grimm 1983, S. 297)

Mit diesem kleinen Einschub haben also die Brüder Grimm aus einer Mutter, die ihr Kind verstößt und töten will, eine ebensolche Stiefmutter gemacht. Die gleiche Veränderung wird auch bei dem Märchen von «Hänsel und Gretel» vorgenommen. Welche Motive stehen hinter dieser bemerkenswerten Umwandlung?

Etwa seit Mitte des 18. Jahrhunderts erhielt die Mutter-Kind-Beziehung eine neue Qualität. Mütter, die zuvor keine elterlichen Rechte hatten, wurden zuständig für die Erziehung der Kinder. Dies hatte einerseits zur Folge, daß Frauen mehr Autonomie und Individualität gewannen. Man kann dies durchaus als einen Schritt zur Emanzipation der Frau betrachten. Andererseits wurde «unter dem Namen ‹Mutterliebe› ein kulturelles Deutungsmuster etabliert, das nicht nur die Mutter-Kind-Beziehung, sondern gleichermaßen die Binnenstruktur der Familie und die Rolle der Frau normativ interpretiert» (Schütze 1987, S. 45). Aus der stärkeren Beachtung der Mutter entstand bald der «Mutterschaftsmythos», der Mutterschaft als die Lebensaufgabe und das Lebensziel von Frauen festschrieb. Das Bild von der allzeit bereiten, gütigen und warmherzigen Mutter war geboren. Die Urfassung der genannten Märchen verstieß gegen diesen Mythos und mußte deshalb von den Brüdern Grimm verändert werden. Aus der bösen Mutter, die ihre Kinder haßt, ja tötet, wurde die böse Stiefmutter.

Stieffamilien leiden unter vielen Vorurteilen

Das Bild von der «allzeit guten Mutter» und der «bösen Stiefmutter» prägt die Einstellung zu Stiefmüttern bis heute. Achten wir zunächst auf die Sprache. Die Vorsilbe «stief» ist germanischen Ursprungs und bedeutet «beraubt», «verwaist»; ein «steopchild» ist ein elternloses, verwaistes Kind. Nach Auskunft des Deutschen Wörterbuches von Jacob und Wilhelm Grimm besagt die Vorsilbe zunächst nur, daß «das Verwandtschaftsverhältnis nicht leiblich ist, sondern erst durch Wiederverheiratung eines Elternteils entstanden ist» (Grimm 1984, S. 2768). Eine Frau wird also zur Stiefmutter, wenn sie eine Partnerschaft mit einem Mann eingeht, der aus einer früheren Beziehung Kinder mitbringt. Doch schon früh wird «stief» auch im übertragenen Sinn verwendet und erhält die negative Nebenbedeutung «lieblos, hart, ungerecht behandeln bzw. ungerecht behandelt werden» (ebd., S. 2804).

Daraus entwickelten sich Redewendungen, die sich bis heute hartnäckig gehalten haben und die Vorurteile gegenüber Stieffamilien weitertransportieren. So wird das Adjektiv «stiefmütterlich» verwendet, um ein Verhalten als besonders lieblos zu kennzeichnen, wohl wissend, daß in unseren Köpfen die Bilder von der bösen Stiefmutter und vom armen Stiefkind weiter lebendig sind. So erscheint es uns selbstverständlich, wenn ein Journalist einen Artikel über Behinderte schreibt, in dem diese als die «Stiefkinder des Arbeitsmarktes» bezeichnet werden, weil sie wenig Chancen haben, eine Arbeitsstelle zu finden. Dementsprechend soll die Altenpflege nicht zum «Stiefkind der Diakonie» werden. Wenn wir sagen, die Erde werde «stiefmütterlich» behandelt, meinen wir, daß wir lieblos mit unserem Planeten Erde umgehen.

Die Stieffamilie – vom Tabu zum Zukunftsmodell

Ist es Gedankenlosigkeit, die zu solchen Redewendungen führt? Es gibt in der deutschen Sprache keine Bezeichnung einer bestimmten gesellschaftlichen Gruppe, die in vergleichbarer Weise dazu dient, negatives Verhalten zu kennzeichnen. Das Besondere ist − neben der Häufigkeit der Verwendung −, daß Stiefmütter und Stiefkinder keine Fabelwesen sind und auch nicht in einer fernen Vergangenheit lebten, sondern eine ständig wachsende, überall gegenwärtige Gruppe unserer Bevölkerung darstellen.

Wie viele Stieffamilien gibt es überhaupt?

1998 wurden in der Bundesrepublik Deutschland 417375 Ehen geschlossen und 192438 Ehen wieder geschieden, das heißt, daß heute mehr als jede dritte Ehe in diesem Land wieder aufgelöst wird. In Großstädten wird bereits jede zweite Ehe geschieden. Im Jahr 1998 waren 159298 Kinder von der Scheidung ihrer Eltern betroffen (Statistisches Bundesamt Deutschland). Jeden Tag erleben also in der Bundesrepublik etwa 450 Kinder die Auflösung ihrer bisherigen Familie. Kinder bis zu acht Jahren sind am häufigsten von der Scheidung ihrer Eltern betroffen. Die Statistik zeigt, daß fast jedes zweite Kind in diesem frühen Alter nicht gemeinsam mit seinen beiden leiblichen Eltern aufwachsen wird. Dabei sind die Kinder, deren Eltern unverheiratet zusammengelebt haben und später getrennt leben, bei diesen Zahlen noch nicht berücksichtigt.

Einer Scheidung folgt in vielen Fällen die Bildung einer neuen Lebensgemeinschaft. Über die Hälfte der geschiedenen Ehepartner haben 1998 eine neue Ehe geschlossen: 104483 Männer und 110110 Frauen. Ein weiterer großer Teil lebt in einer festen partnerschaftlichen Beziehung. Familienstatistiker schätzen, daß in der Bundesrepublik Deutschland etwa 10 Prozent aller Familien Stieffamilien sind (Schmidt 1998, S. 201). Danach gibt es hierzulande also schätzungsweise über zwei Millionen Stieffamilien.

Vorreiterin neuer Lebensformen

Obwohl die Zahl der Stieffamilien zunimmt, fallen sie bis heute kaum auf. Vermutlich gibt es keine Kinder, die ihrer Lehrerin freudig mitteilen: «Hurra, wir sind eine Stieffamilie geworden!» Irreführend ist auch, wenn der Stiefelternteil von den Stiefkindern «Papa» oder «Mama» genannt wird, häufig auf Vorschlag des leiblichen Elternteils. Wenn das Wort «Stiefmutter» oder «Stiefvater» fällt, entsteht oft betroffenes Schweigen. Im «Zehnten Kinder- und Jugendbericht des Deutschen Bundestages» heißt es zwar, daß «die aus der Trennung entstehende Folgefamilie als Lebensform im allgemeinen nicht mehr diskriminiert wird» (Bundesministerium für Familie, Senioren, Frauen und Jugend 1998, S. 32), doch erleben die Betroffenen das häufig anders. Stieffamilien haben große Angst, schlechter als die sogenannten Kernfamilien angesehen zu werden, weil ihre Andersartigkeit in unserer Gesellschaft häufig negativ bewertet wird. Stiefmütter müssen sich und anderen beweisen, daß sie nicht «böse Stiefmütter» sind. Sie stehen unter dem Erwartungsdruck, die Stiefkinder, die ihnen noch bis vor kurzem fremd waren, möglichst bald wie eine leibliche Mutter zu versorgen und zu lieben. Stiefvätern geht es ähnlich. Sie müssen beweisen, daß sie sich der neuen Familie voll und ganz annehmen und ihr vorstehen können. Stieffamilien unternehmen enorme Anstrengungen, um nicht unter das stillschweigende Vorurteil gegenüber Stieffamilien zu fallen; doch wird ihnen gerade diese übergroße Anstrengung oft zum Verhängnis.

Es ist zu wünschen, daß Stieffamilien ihre andersartige Familiensituation zunehmend nicht mehr als Mangel, sondern als Signal eines sich rasch verändernden Familienbildes verstehen. Die Zahl der Stieffamilien wird weiter anwachsen. Eine Untersuchung in Großbritannien sagt voraus, daß in zehn Jahren die meisten Kinder und Erwachsenen in Stieffamilien leben werden (vgl. The Sunday Times Magazine 22. 11. 1998, S. 23–27). Immer mehr Menschen fühlen sich heute in unserer Gesellschaft nicht mehr durch vorgegebene soziale Rollen und Sinndeutungen gebunden und wählen individuelle Lebensentwürfe. So beobachten wir beispielsweise, daß immer häufiger Frauen den ersten Schritt zum Anwalt oder Familienrichter machen. Frauen sind immer weniger bereit, sich mit den traditionellen, teilweise diskriminierenden Strukturen, in die sie sich als Frau und Mutter oft fügen mußten, zufriedenzugeben. Wenn Frauen es wagen, ihre eigene persönliche und berufliche Entwicklung und einen bestimmten gesellschaftlichen Status einzufordern, ernten sie allerdings häufig Unverständnis. Es werden ihnen Hindernisse in den Weg gelegt, eine berufliche Karriere anzustreben, z. B. durch unflexible Öffnungszeiten von Kindergärten, Horten und Schulen. Oder der berufliche Einstieg und Aufstieg wird ihnen dadurch verwehrt, daß Arbeitgeber nicht bereit sind, Teilzeitarbeitsstellen zu schaffen, und Frauen

in Führungspositionen (vor allem nicht in Teilzeit) einzustellen. Frauen stehen in solchen Situationen häufig vor der Entscheidung, entweder den bisherigen Einsatz für die Familie oder ihre persönliche und berufliche Entwicklung zu wählen. Viele sind heute nicht mehr bereit, ihre Person und ihre eigene Entwicklung hintanzustellen. Auch Männer sind häufiger auf der Suche nach einem neuen Leitbild als Mann und Vater. Immer mehr Väter suchen nach partnerschaftlichen Strukturen in der Familie und nach liebevollen, intensiven Beziehungen zu ihren Kindern neben der beruflichen Karriere.

Diese Veränderung gesellschaftlicher und familiärer Rollen führt zu Unsicherheiten und Brüchen. Neue Rollen, ein neues Verhaltensrepertoire, eine aktiv verantwortete Lebensplanung müssen erst erlernt werden. Mit der Unsicherheit wächst auch eine neue Unübersichtlichkeit (Beck-Gernsheim 1998, S. 58). Die Stieffamilie ist also zugleich Opfer und Vorreiterin dieser Entwicklung. Sie ist Opfer, weil sie immer noch abgewertet wird. Und sie ist *Vorreiterin neuer Lebensformen.* Denn die Aufgabe, eine neue, andere Familie aufzubauen, führt sie dazu, neue Handlungs- und Verhandlungsspielräume zu entdecken und neue Kooperationsmöglichkeiten zu «erfinden». Das Leben wird «zur gestaltenden Aufgabe» (Kohli 1986, S. 185). Stieffamilien tragen bei zu einer neuen Kultur des Zusammenlebens in Familie und Gesellschaft.

Was Stieffamilien prägt

Katharinas Familie sieht etwas anders aus als die Familie, die wir uns gewöhnlich vorstellen. Katharina (16) lebt nämlich die Woche über mit ihrer Mutter Elisabeth (44) und ihrem Stiefvater Johannes (42) zusammen. Das Wochenende verbringt Katharina bei ihrem Vater Max (46), der in derselben Stadt lebt, aber nicht mehr in der früheren Wohnung. Zur Familie Müller-May gehört auch Susi (7). Sie ist die gemeinsame Tochter von Elisabeth und Johannes aus deren zweiter Partnerschaft. Für Susi ist es oft schwer verständlich, daß ihr Vater Johannes nicht auch der Vater von Katharina ist. Manchmal fragt sie, weshalb Katharina am Wochenende immer zu Max geht und nicht mit ihr spielt. Weshalb hat sie niemanden, der sie am Wochenende abholt und mit ihr etwas unternimmt? Es stimmt: Das Zusammenleben in der Stieffamilie Müller-May ist oft hoch kompliziert. Und trotzdem wissen alle, daß sie zueinander gehören.

Auf den ersten Blick sieht das Familienbild verwirrend aus: Wer gehört zu wem? Wer lebt mit wem zusammen?

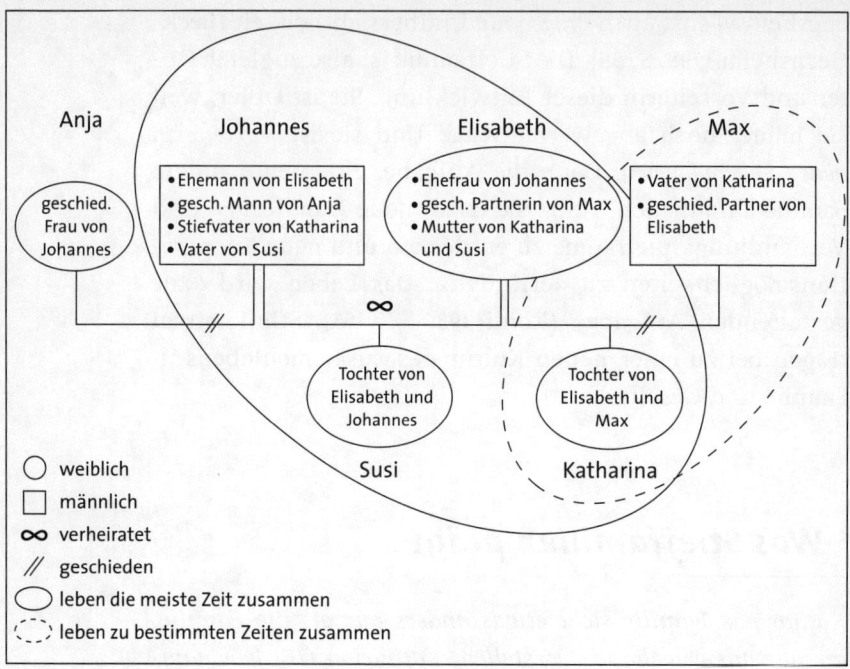

Struktur der Familie Müller-May

Wer hat welchen Platz in der Familie, und wer ist wofür zuständig? Wie bei Familie Müller-May lassen sich bei Stieffamilien folgende charakteristische Merkmale feststellen:

▶ *Meist haben alle Beteiligten in der Vergangenheit den* Verlust *einer wichtigen Bezugsperson erlitten.* Damit haben sie eine Erfahrung gemacht, die ihre gegenwärtigen Gefühle und ihr Selbstverständnis wesentlich mitbestimmt. Elisabeth hat sich von ihrem Partner Max getrennt. Elisabeth und Max waren nicht verheiratet. Von der Trennung ist auch Katharina, ihre Tochter, betroffen. Johannes, Elisabeths neuer Partner, war verheiratet und ist von seiner ersten Frau geschieden.

▶ *Zwei erwachsene Menschen, ein Mann und eine Frau, entscheiden sich für eine neue Partnerschaft. Einer der Partner oder beide bringen Kinder in diese neue Beziehung ein.* In der Stieffamilie Müller-May bringt Elisabeth ihre Tochter Katharina in die neue Beziehung mit Johannes ein. Johannes hat keine Kinder aus seiner ersten Ehe.

▶ *Kinder bleiben Kinder ihrer Eltern, auch über Trennung, Scheidung und Tod hinaus. Stiefkinder gehören also zu* zwei *Haushalten und leben unter* zwei *Dächern.* Katharina pendelt zwischen der Familie mit Elisabeth, Johannes und Susi einerseits und ihrem Vater, Max, andererseits. Max lebt allein. Wenn auch er eine neue Partnerin hätte, würde Katharina zwischen zwei Stieffamilien pendeln und zu diesen beiden Stieffamilien gehören.

▶ *Wenn sich das neue Paar für ein gemeinsames Kind entscheidet, wird die Stieffamilie erneut verändert.* Susi ist die gemeinsame Tochter von Elisabeth und Johannes und lebt mit ihnen unter einem Dach. Susi und Katharina sind Halbgeschwister.

▶ *Der Stiefelternteil hat gegenüber dem Kind seines Partners oder seiner Partnerin keine elterlichen Rechte.* Johannes hat in einem längeren und manchmal schmerzlichen Prozeß erkennen müssen, daß er nicht der Vater von Katharina sein kann und auch nie sein wird. Für Katharina ist klar: «Max ist mein Vater!»

▶ *Die Rolle des Stiefelternteils ist keine in der Tradition vorgegebene Rolle mit kulturell festgelegten Aufgaben.* Inhalt und Gestaltung der Rolle von Stiefvater oder Stiefmutter beruhen auf Vereinbarung und müssen ausgehandelt werden.

Die Grenzen dieser Familienform verlaufen also ganz anders als bei der Kernfamilie. Die Familienbeziehungen sind vielfältiger, und das Zusammenleben ist komplexer. Diese Komplexität zu gestalten, ist die große Aufgabe von Stieffamilien.

2 | Der lange Weg zum neuen Glück

Eine Familie entsteht, wenn ein Kind beziehungsweise Kinder in der Lebensgemeinschaft von Mann und Frau geboren werden. Die Kinder wachsen darin auf, entwickeln sich und verlassen nach Jahren diese Familie, häufig um selbst eine Partnerschaft und eine Familie zu gründen. Aus dem Elternpaar wird dann ein Großelternpaar, das im Regelfall allein lebt. Dieser Prozeß verläuft nicht kontinuierlich, sondern vollzieht sich in Phasen. Jeder Übergang von einer Phase zur anderen ist eine Zeit der Verunsicherung. Wenn das erste Kind auf die Welt kommt, wenn die Kinder größer werden, in den Kindergarten und anschließend in die Schule gehen, später das Elternhaus verlassen, kommen jeweils neue Aufgaben auf die Familienmitglieder zu, die nach einem neuen Verhaltensrepertoire verlangen. Solche Herausforderungen im normalen familiären Zusammenleben nennt man «natürliche Krisen».

Zu irgendeinem Zeitpunkt der Familienentwicklung können jedoch sogenannte «außerplanmäßige Krisen» eintreten, die die Familienmitglieder erschüttern, von ihnen besondere Bewältigungsstrategien erfordern und die bisherige Lebensgemeinschaft von Grund auf verändern. Die Trennung oder Scheidung der Partner oder der Verlust eines Ehepartners bzw. Elternteils durch den Tod sind solche einschneidenden Lebensereignisse. Der normale Lebensalltag wird zu einem bestimmten Zeitpunkt unterbrochen, was zu vielfältigen Veränderungen bei den betroffenen Menschen führt und ihre Familienzusammensetzung grundlegend umgestaltet.

In der Entwicklung zur Stieffamilie unterscheiden wir drei krisenhafte Phasen.

Phase 1: Abschied von alter Partnerschaft und Familienform

Elisabeth und Max haben sich getrennt, als Katharina knapp drei Jahre alt war. Elisabeth hatte Angst, Katharina würde durch die heftigen Auseinandersetzungen in der Familie Schaden erleiden, und entschied sich zur Trennung von Max. Elisabeth und Max hatten sich gewünscht, «eine Familie leben zu können, aber es hat nicht funktioniert», sagt Elisabeth. Sie berichtet, wie «anstrengend» Katharina in der darauf folgenden Zeit war. Sie reagierte offensichtlich sehr heftig auf die Situation ihrer Eltern, nicht richtig zusammen und nicht richtig getrennt voneinander leben zu können. Katharina weinte häufig, hing ständig an Elisabeth und hatte große Trennungsängste im Kindergarten und später beim Eintritt in die Schule. Elisabeth mußte über zwei Monate lang täglich mit Katharina in die Schule gehen, sich neben sie in die Schulbank setzen und mittags mit ihr zusammen das Mittagessen einnehmen. Katharina hätte diese Ablösung sonst nicht verkraften können, berichtet Elisabeth.

Am Anfang eines Prozesses, der zur Stieffamiliengründung führen kann, steht der Entschluß eines Ehepartners oder des Paares, die Partnerschaft aufzulösen. Dies bedeutet bei einigen Paaren den Versuch, einen zermürbenden Streit um Macht, Anerkennung und Position in der Ehe oder über die unterschiedlichen Vorstellungen von Kindererziehung zu beenden. Andere Partner haben sich innerlich so weit auseinander entwickelt, daß der Entschluß zur Trennung folgerichtig erscheint. Eine Außenbeziehung des Mannes oder der Frau haben vielleicht eine Krise, die bisher schwelend verlief, offen gemacht und zum Bruch in der Paarbeziehung geführt.

Abschied nehmen

Jeder Stieffamilie geht also ein Abschied voraus. Es geht um den Abschied von einem Menschen, dem Partner oder der Partnerin, der oder die einem einmal sehr viel bedeutet hat. Es gilt auch Abschied zu nehmen von der bisherigen Familie, die in dieser Form nicht mehr weiterbestehen wird. Es wird diese sogenannte Kernfamilie im Leben aller Beteiligten nicht mehr geben. Verwandte, Freunde, Bekannte nehmen Anteil an dieser Entwicklung und ergreifen häufig für die eine oder die andere Seite Partei. Institutionen von außerhalb, die Anwälte, das Jugendamt und das Familiengericht, übernehmen wichtige Rollen in diesem Prozeß.

Dieser Abschied kann auch deshalb sehr schmerzlich sein, weil er unter Umständen bedeutet, bestimmte von familiären und religiösen Überlieferungen getragene Idealvorstellungen von Familie aufzugeben und sich das Scheitern in einer besonders zentralen persönlichen Beziehung einzugestehen.

Mit der Trennung ist eine tragende Säule für das Gefühl der Geborgenheit und Sicherheit zerbrochen, und wichtige Hoffnungen für die Zukunft werden zerstört. Der Schmerz darüber gehört dazu; er kann aber besser angenommen

werden, wenn Betroffene mit nahestehenden Menschen reden können. Gespräche sind auch wichtig, um tragfähige
Entscheidungen mit dem früheren Partner zu bedenken
und vorzubereiten.

Hinweise für Eltern in Trennungssituationen

Fast alle Kinder reagieren mit Wut, Trauer oder Enttäuschung auf eine Trennung. Es verlangt viel Stärke von den Erwachsenen, in dieser Situation, in der sie selber verunsichert sind, ihren Kindern Rückhalt zu bieten. Kinder brauchen Eltern, die ihnen deutlich machen, daß es sich um einen Konflikt zwischen den Erwachsenen handelt, den sie auch selber lösen werden.

Es gibt keinen allgemein bestimmbaren «richtigen» Zeitpunkt dafür, wann die Kinder von ihren Eltern über die bevorstehende Trennung informiert werden sollen. *Daß* sie informiert werden müssen, steht außer Frage. Es ist wichtig, daß sie diesen Schritt von ihren Eltern oder wenigstens von einem Elternteil erfahren und nicht durch versteckte Hinweise aus der Nachbarschaft oder von Spielkameraden «aufgeklärt» werden. Die Kinder in einer Nacht- und Nebelaktion aus dem gemeinsamen Familienumfeld herauszulösen, ist ebenfalls eine falsch verstandene Art und Weise, Kindern möglichst beschützend durch diese streßvollen Zeiten des Abschieds zu helfen.

Denken Sie vor allem an eines: Kinder brauchen viel Zeit, sich auf die neue Situation einzustellen.

Umgang mit Tod und Trauer

Manche Familie wird nicht durch Trennung oder Scheidung aufgelöst, sondern durch den Tod eines Partners beziehungsweise eines Elternteils. Jüngere Kinder halten den Tod eines Elternteils, wie oft auch die Scheidung ihrer Eltern, für einen vorübergehenden Zustand. Sie hoffen, den verstorbenen Vater oder die verstorbene Mutter zu einem späteren Zeitpunkt wiederzusehen und rechnen häufig innerlich damit, daß die Familie wieder zusammengeführt wird. Kinder fühlen sich zuweilen schuldig am Tod ihres Vaters oder ihrer Mutter. Sie sehen z. B. in ihrem Verhalten – etwa in ihrem Ungehorsam oder Zorn – eine Ursache für den Tod, so unlogisch dies den Erwachsenen auch erscheint. Eltern haben die wichtige Aufgabe, mit ihren Kindern offen über die Realität des Todes zu sprechen, für ihre Gefühle der Angst und Trauer aufmerksam zu sein und sowohl bei sich wie bei den Kindern den Schmerz über den Verlust zuzulassen.

«Wenn man den Kindern gestattet, in dem von einem Unglück betroffenen Haus zu bleiben und sich an Gesprächen und Sorgen zu beteiligen, läßt man sie in ihren Ängsten nicht allein, sondern gewährt ihnen den Trost, daß sie an der gemeinsamen Verantwortung und Trauer teilhaben. Es bereitet sie darauf vor, den Tod als Teil des Lebens aufzufassen und läßt sie an dem Erlebnis wachsen und reifen.» (Kübler-Ross 1969, S. 12)

Ebenso geht es dem überlebenden Partner oder der Partnerin in diesem Abschiedsprozeß. Auch für sie ist wichtig, sich der Gefühle von Angst, Schuld und Zorn bewußt zu werden und sie als normale Form der Auseinandersetzung anzunehmen. «Die gegenseitige Offenheit vor dem Sterben hilft dem Sterbenden, zu sterben, und dem Überlebenden, sein Leben neu und getröstet in Angriff zu nehmen» (dies. in: Krähenbühl u. a. 1995, S. 63 ff.).

Phase 2: Die Teilfamilie

Nach der Trennung und der Scheidung beginnt für alle Familienmitglieder eine neue Lebensphase. Untersuchungen zeigen, daß nur ein kleiner Teil der geschiedenen Partner kurz nach der Scheidung wieder eine neue Partnerschaft eingeht und eine Stieffamilie gründet (vgl. Napp-Peters

1995, S. 90). Für die meisten dauert die Phase der Teilfamilie zwei Jahre oder länger. Die Teilfamilie ist also kein kurzes Zwischenspiel, sondern ein wichtiger Entwicklungsschritt im Leben der Beteiligten.

In dieser Phase bilden sich zwei eigenständige Teilfamilien. Ein Elternteil lebt überwiegend mit den Kindern zusammen, der andere Elternteil, der aus dem bisherigen Haushalt ausgezogen ist, baut sich ein neues Zuhause auf.

Die gemeinsamen Kinder pendeln zwischen den beiden Haushalten ihrer Eltern und machen die neue Erfahrung von zwei Elternhäusern, vom Leben «unter zwei Dächern» (vgl. Ley/Borer 1992. S. 179 ff.).

Große Veränderungen stehen an

Als Katharina noch klein war, hat Max sie jeweils am Wochenende für zwei bis drei Stunden zu sich geholt. Nach und nach wurde diese gemeinsame Zeit zeitlich erweitert. Seit längerem holt Max Katharina regelmäßig am Freitagnachmittag ab und bringt sie am Samstagnachmittag zurück. Wie geht es Katharina bei diesem Pendeln zwischen den beiden Haushalten? «Ich wohne hier (bei Mama)», sagt Katharina sehr bestimmt. «Bei Papa ist es nicht so wie hier bei Elisabeth, Johannes und Susi.» Sie habe bei Papa kein eigenes Zimmer. «Hier wohn ich, aber bei Papa auch», sagt Katharina gleich anschließend, um zu zeigen, daß sie zwischen beiden Eltern keinen Unterschied macht. Nach Max' Auffassung ist es für Katharinas Entwicklung wichtig, «daß klar und deutlich ist, wo Katharina zu Hause ist, nämlich dort, wo ihre Mutter lebt». Beide Eltern haben sich entschieden, daß Katharina die meiste Zeit an einem Ort lebt, nämlich bei ihrer Mutter. Die «Wohnorte» sollten also nicht zeitlich gleichmäßig aufgeteilt werden zwischen den beiden Eltern. Der Ort des Vaters hat dabei eine wichtige ergänzende Funktion: «Katharina weiß, wo bei mir der Schlüssel liegt», das ist Max wichtig (s. a. S. 69).

Mit der Neuorganisation der bisherigen Familie sind in der Regel größere Veränderungen verbunden. Oft findet für einen Teil der Familie ein Ortswechsel statt, der für die Kinder ggf. mit einem Kindergarten- oder Schulwechsel verbunden ist. Die Mutter, die häufig die Hauptverantwortung für die Kinder hat, ist vielleicht auf Sozialhilfe angewiesen, oder sie nimmt eine Tätigkeit außer Haus auf, um die Teilfamilie finanziell besser zu versorgen. Oft bedeutet dies für sie, zwei neue Tätigkeiten auf einmal wahrzunehmen: einen Beruf außerhalb des Hauses, häufig nach einer längeren Unterbrechung im Interesse der Familie, und die alleinige Übernahme des Familienvorstandes. Durch die Scheidung, besonders durch einen Orts- bzw. Kindergarten- oder Schulwechsel, verlieren Eltern und Kinder Freunde. Verwandte, zum Beispiel die Großmutter der Kinder, gewinnen dann eine neue größere Bedeutung, weil sie für die Versorgung der Kinder und des Haushalts gebraucht werden.

Es bildet sich eine Familienform heraus, bei der immer nur ein Elternteil mit den Kindern zusammenlebt und den Alltag gestaltet. Es sind nie mehr beide Elternteile mit den Kindern zusammen, wie dies vor der Trennung war.

Alle diese Veränderungen haben Rückwirkungen auf die Beteiligten und stellen Streßfaktoren dar.

Mehr Verantwortung und mehr Unabhängigkeit

Der Elternteil, bei dem die Kinder die meiste Zeit leben, hat nun ein hohes Maß an Verantwortung für die Kinder, für ihre Versorgung und Entwicklung. Er kann aber auch unter diesen neuen Herausforderungen bisher nicht entwickelte Begabungen und Fähigkeiten entdecken. Und vielleicht schätzt er auch das Stück Unabhängigkeit vom bisherigen Partner, das er nun erworben hat. Gleichzeitig muß dieser Elternteil jedoch erfahren, daß seine Kräfte begrenzt sind und die tägliche Verantwortung für die Kinder riesengroß ist. Seine Anstrengungen können den anderen Elternteil in Familie und Haushalt weder ersetzen noch die Familie wieder vollständig machen. In dieser Situation müssen manche Aufgaben, die sonst der andere Elternteil und Partner wahrgenommen hat, von den Kindern übernommen werden, häufig früher, als dies bei der Anwesenheit beider Eltern nötig gewesen wäre. Der Elternteil sollte dabei auch für seine eigene persönliche Entwicklung sorgen und nicht nur in den Pflichten für die Erziehung der Kinder und den Haushalt untergehen. Er steht also immer wieder allein vor weitreichenden Entscheidungen.

Vorsicht, Falle!
Kinder sind kein Beziehungsersatz

Kinder sind sehr sensibel und werden merken, ob und wann es Ihnen als Elternteil schlechtgeht. Sie möchten Ihnen dann helfen und bieten sich als Beziehungsersatz an. Sie möchten Trost spenden, Ihnen zuhören, die kleine Schulter zum Ausweinen anbieten. Das Kind fängt an, sich um Sie zu kümmern und liest Ihnen Ihre Gedanken von den Lippen ab. Diese verständliche und gutgemeinte Zuwendung des Kindes kann eine «Falle» werden: für Sie, weil Ihr Kind Ihnen nicht wirklich eine Erwachsenenbeziehung ersetzen kann; für Ihr Kind, weil es auf diese Weise verlernt, auf seine eigenen Wünsche, Bedürfnisse und Gefühle zu achten. Es übernimmt zu früh Verantwortung und verliert dadurch häufig den Kontakt mit Kindern seiner Altersgruppe. Kinder brauchen Kinder, Erwachsene brauchen Erwachsene, gerade auch in dieser Situation, und ganz bestimmt brauchen Kinder in unsicheren Situationen die Vergewisserung durch die Erwachsenen, daß diese für sich und auch für ihr Kind Verantwortung übernehmen.

Eltern-Sein nach Terminkalender

Der Elternteil, bei dem die Kinder nur zu bestimmten Zeiten leben, muß jetzt in erster Linie mit dem Alleinsein fertig werden. Seine Kontakte regelt der Terminkalender. Seine Beziehung zu den Kindern verliert also in erheblichem Maß an Alltäglichkeit und damit an Selbstverständlichkeit und Spontaneität. Der Elternteil muß sein Leben und seinen Lebensalltag völlig neu gestalten und für sein Leben neue Ziele setzen. Dazu gehört vor allem, einen gro-

ßen Teil der Verantwortung für die Kinder abzugeben. Er hat die Aufgabe, eine ganz neue Elternrolle aufzubauen, diejenige eines «Teilzeitvaters» oder einer «Teilzeitmutter», die gefühlsmäßig sehr ambivalent sein kann. Zeiten der Nähe und Zuwendung, wenn die Kinder da sind, wechseln mit Zeiten des Abschieds, der Trauer und des erneuten Alleinseins. Es bedeutet für diesen Elternteil eine große Aufgabe, seinen Kindern während der recht kurzen Zeit des Beisammenseins und des Zusammenlebens ein Gefühl der Sicherheit und Kontinuität zu vermitteln.

Getrennt Eltern sein

Elisabeth ist stolz darauf, das Max und sie es geschafft haben, «als Eltern zu kooperieren, obwohl wir uns auf der Paarebene manchmal gehaßt haben, weil vieles so enttäuschend war zwischen uns. Es gab eine klare Offenheit zwischen uns, daß wir Eltern für Katharina sein wollen». In einem gesonderten Gespräch (s. a. S. 66–76) berichtet Max ausführlich, daß die Verarbeitung der Trennung die Grundvoraussetzung dafür gewesen sei, die Unterscheidung zwischen der Paar- und der Elternebene treffen und durchhalten zu können. Max und Elisabeth haben professionelle Hilfe gesucht, um sich mit sich und ihrer Beziehung auseinanderzusetzen. Elisabeth betont, wie wichtig es sei, daß Eltern – gerade wenn sie getrennt leben – am gleichen Strang ziehen, und sie findet dies zunehmend wichtiger, je älter Katharina wird. Beide Eltern führen von Zeit zu Zeit von ihnen so genannte «Grundsatzgespräche», um gemeinsame Vorgehensweisen zu klären und Absprachen zu treffen.

Beide getrennt lebenden Elternteile haben die Aufgabe, den Kindern gegenüber Eltern zu sein und zum Wohl ihrer Kinder zusammenzuarbeiten. Dazu sind klare und gemeinsam getragene Regelungen und Vereinbarungen von großer Bedeutung. Die Kinder sind durch die Veränderungen bei der Trennung und der Scheidung verunsichert. Sie brauchen ein hohes Maß an Klarheit und Sicherheit, um solche bisher nicht praktizierten Formen des Zusammenlebens bewältigen zu können und daran auch zu wachsen. Basis für eine solche Geborgenheit ist ein neu aufzubauendes, gegenseitiges Vertrauen zwischen den getrennt lebenden Eltern.

Vertrauen wächst in besonderer Weise dann, wenn sich beide Elternteile darauf verlassen können, daß die gegenseitigen Vereinbarungen eingehalten werden. Wenn die Mutter erlebt, daß der Vater das Kind zur vereinbarten Zeit abholt und auch zur festgelegten Zeit zurückbringt, daß Änderungen in den Besuchsvereinbarungen rechtzeitig mitgeteilt und neu getroffen werden können, dann gewinnt diese Mutter den Eindruck, daß sie sich auf den Vater ihres gemeinsamen Kindes verlassen kann. Das Mißtrauen wird abgebaut, und es entsteht eine neue Beziehungsqualität zwischen diesen Eltern. So kann das Einhalten von Regelungen, scheinbar eine Kleinigkeit, eine große Wirkung erzielen, nämlich zur Verläßlichkeit in der Beziehung führen und die Grundlage kompetenter Elternschaft bilden.

Phase 3: Die neue Partnerschaft und die Stieffamilie

Eine neue weitreichende Veränderung im bisherigen Familienleben bahnt sich an, wenn ein geschiedener Partner eine neue Partnerschaft eingeht. Die Kinder erleben vielleicht, daß nach gegenseitigen Besuchsphasen der Freund der Mutter häufiger am Wochenende da ist. Es werden Pläne geschmiedet, wie ein zukünftiges Zusammenleben aussehen könnte, wer zu wem zieht oder ob eine neue gemeinsame Wohnung gesucht werden soll. Zwei bisher unbekannte «Parteien» entschließen sich also, etwas Gemeinsames aufzubauen. Meist entscheiden darüber allein die Erwachsenen, das neue Paar. Wenn es nach den Kindern ginge, dann wünschten die sich in aller Regel die frühere Familie zurück, in deren Zusammensetzung sie sich am sichersten fühlten, auch wenn dies häufig mit Streß verbunden war.

Die Wahl des Partners

Die Partnerwahl war bei Elisabeth und Johannes von den Erfahrungen in der früheren Partnerbeziehung geprägt. Elisabeth hat sich einen Partner gewünscht, «mit dem ich eine Fa-

milie und eine gleichberechtigte Partnerschaft leben kann».
Johannes konnte sich mit Elisabeth seinen Wunsch nach Kindern erfüllen, was bei seiner ersten Frau nicht möglich war.
Bei der zweiten Partnerwahl kam jedoch noch etwas Ent-
scheidendes hinzu. Elisabeth machte ihre Entscheidung für
einen neuen Partner davon abhängig, wie er auf Katharina
eingehen würde. «Bei Johannes habe ich gespürt: Da war beides da: das Interesse an mir als Frau und das Interesse an
mir als Mutter von Katharina. Das war für mich ganz wichtig.»

Für die Bildung der neuen Familie ist wichtig, daß der
zukünftige Stiefvater offen ist für das Kind der neuen Partnerin und es akzeptiert. Wenn Desinteresse oder sogar Ab-

neigung zwischen ihm und dem Stiefkind besteht, dann ist es für alle Beteiligten sehr schwer, aufeinander zuzugehen und miteinander etwas Neues, Gemeinsames aufzubauen.

«Mama heiratet wieder!»

Elisabeth hatte nach der Trennung von Max einige Männerbekanntschaften. «Ich fand es blöd, wenn andere Männer kamen», sagte Katharina und schilderte, wie sie die Freunde ihrer Mutter zu verjagen versuchte. «Deine Schuhe stinken!» rief sie einem der Männer zu und verpaßte ihm auf diese Weise eine Abfuhr. Entscheidend war für sie folgendes Ereignis: Als sie eines Morgens ins Schlafzimmer ihrer Mutter kam, lag Johannes an ihrem Platz im Bett: «Geh weg!» schrie Katharina ihn an, worauf Johannes erwiderte: «Du kannst kommen, aber ich gehe hier nicht weg.» Elisabeth rückte dann beiseite und machte für sie neben sich eine Kuschelecke frei. Katharina kam daraufhin nie mehr ins Schlafzimmer ihrer Mutter, verkündete ihrem Vater jedoch prompt: «Mama heiratet wieder und kriegt ein Baby.» Dies wiederum verstörte Max so sehr, daß er Elisabeth anrief und sie um Aufklärung bat.

Wohl alle Kinder in getrennt lebenden Elternbeziehungen wünschen und hoffen, daß irgendwann ihre Eltern wieder zusammenkommen und sich vertragen. Geborgenheit und Sicherheit von Kindern scheinen eng verbunden zu sein mit der Grundvorstellung, daß Vater, Mutter und Kind unter einem Dach zusammenleben. Aus diesem Grund wehren sie sich gegen «eindringende» fremde Menschen, insbesondere gegen einen möglichen neuen Partner des Elternteils.

Die Kinder spüren, daß sie ihre bisherigen Beziehungen, gerade auch diejenige zum Elternteil, nun teilen müssen mit neuen, noch unbekannten Menschen, die in ihre bisherige Familie hineinkommen und dort einen Platz suchen. In den ersten Wochen und Monaten wird diese Unsicherheit häufig etwas zurückgedrängt durch die Erfahrung des reizvollen Neuen in den Beziehungen. Personen, die neu hinzukommen, bieten neue Erfahrungs- und Austauschmöglichkeiten. Sobald sich jedoch der Familienalltag einstellt, wird deutlich, daß sich das neue Miteinander nicht wie von selbst regelt, sondern von Grund auf neu gestaltet werden muß. Die Aufgaben, Rollen und Positionen aller Mitglieder dieser neuen Familie haben sich verändert und müssen neu geordnet werden (s. Kap. 3).

Erwachsene in Stieffamilien erleichtern sich und den Kindern den Anfang, indem sie ihren Kindern genügend Zeit geben, sich auf die neue Situation einzustellen. So hat sich auch die Beziehung zwischen Katharina und Johannes entwickelt, wie die folgende Episode zeigt.

Als Elisabeth, Johannes und Katharina an einem Sonntag gemeinsam spazierengingen, legte Katharina plötzlich ihre Hand in die von Johannes und sprach ihn mit «Papa» an. «Das war eine heiße Sache für mich», sagt Johannes, «es hat mir gutgetan.» Johannes reagierte sofort – und zwar richtig: «Ich bin nicht dein Papa.»

Dennoch verheimlichte Katharina in der Grundschule, wenn Johannes zu den Elternabenden mitging, daß er nicht ihr Vater war. «Meine Freundinnen hatten alle normale Familien», erklärt sie ihr Verhalten. Als sie dann ins Gymnasium kam, ging sie offen damit um. Sie sagte: «Max ist mein Vater!»

Das neue Paar

Wie haben es Elisabeth und Johannes geschafft, eine neue Familie aufzubauen, ohne die Partnerschaft – für die ja kaum Zeit war – zu vernachlässigen? «Wir haben versucht, Inseln für uns zu schaffen. Dennoch waren die ganzen letzten sieben Jahre notwendig, um unsere Familie aufzubauen. Jetzt erst beginnt für uns die Zeit als Paar!»

Diese Unsicherheit und Unklarheit in den Beziehungen erleben nicht nur die Kinder, sondern auch die Erwachsenen in der Stieffamilie. Das neugebildete Paar kann sich nicht unbeschwert und unbegrenzt der Beziehung widmen und seine neue Liebe leben. Es sind von Anfang an Kinder da, die versorgt werden wollen. Die Haushaltsgründung und ein eventueller Umzug erfordern ein hohes Maß an Gemeinsamkeit bei den Entscheidungen und beim Anpakken der vielfältigen Aufgaben (s. a. Kap. 5). Da die beiden Erwachsenen jedoch noch überhaupt kein eingespieltes Team sein können, bedeuten diese ersten Schritte zur Bildung eines neuen Ganzen eine kreative Leistung allerhöchsten Ranges.

Die Rolle des Stiefelternteils

Elisabeth erlebt die Beziehung zu Johannes anders als diejenige zu Max. «Ich muß nicht allein denken, Johannes denkt mit.» Sie erzählt, daß sie sich in der früheren Beziehung mit Max oft sehr allein und allein verantwortlich fühlte. Sie unterscheidet die Rolle von Johannes auch von derjenigen ihrer Freundin, die mit ihrem Kind einige Zeit mit Elisabeth und Katharina zusammenlebte. Diese Freundin und sie haben sich häufig gegenseitig beraten, gerade in Erziehungsfragen, erzählt sie. Johannes hingegen berate nicht nur, sondern übernehme Verantwortung in der Familie, das sei ein wichtiger Unterschied. Johannes sei jedoch in der Gefahr gewesen, Lükken zu füllen, auch gegenüber Katharina; glücklicherweise sei bald ihre gemeinsame Tochter Susi geboren worden. Johannes wäre sonst «zu viel ‹Vater›» für Katharina gewesen – gegen sein eigenes besseres Wissen.

Darf ich denn nicht ein bißchen verliebt sein?

Johannes stellt fest, daß er sich erst nach einer längeren Paartherapie für Elisabeth entscheiden konnte: «Erst als meine Rolle zu Katharina klar war, fiel auch die Entscheidung für Elisabeth. Das war der Schlüssel!» Zu dieser Stiefvaterrolle gehöre unmittelbar der Respekt vor Max, Katharinas Vater, fügt Johannes nachdrücklich hinzu.

Zur Unsicherheit in der neuen Partnerbeziehung kommt also die Unklarheit in der Position des Stiefelternteils. Vater oder Mutter wird jemand durch Zeugung und Geburt. Stiefmutter- oder Stiefvaterwerden aber hat nichts mit «Kinderkriegen» zu tun. Der Stiefelternteil kommt als neuer Partner eines Elternteils in die Einelternfamilie und trifft dort auf die Kinder seiner neuen Partnerin oder sei-

---

nes Partners. Während die Elternrolle durch Verwandtschaft und Tradition vorgegeben ist, muß die Stiefrolle in wechselseitiger Zuschreibung erst gefunden werden. Dies geschieht in einem längeren Prozeß des gemeinsamen Aushandelns unter allen Beteiligten und erfordert viel gegenseitige Toleranz und Geduld.

Die Schlüsselrolle des anwesenden Elternteils

Es ist hilfreich, wenn der Partner bzw. Elternteil (meist ist es die neue Partnerin bzw. Mutter) auf die doppelte Rollenunsicherheit ihres neuen Partners vorbereitet ist. Sie hat in der Aufbauphase der Paar- und Familienbildung eine Schlüsselposition, die sie jedoch oft genug überfordert und zwischen alle Stühle setzt, zumal auch ihre Rolle sich verändert. Sie ist nicht mehr die einzige Erwachsene im Familienverbund, die Vorgaben macht und weithin bestimmt, was gelten soll. Sie hat die Aufgabe, dem neuen Partner Raum zu geben für seine Ideen und Vorstellungen über das Zusammenleben und für seine Vorgehensweisen. Sie muß ihm helfen, langsam einen eigenen Platz in der Familie zu finden und seinerseits für Neues und Unbekanntes offen zu sein. Die Mutter in der Familie hat darüber hinaus noch eine Aufgabe: Sie ist der ruhende Pol, die wichtigste verläßliche, unterstützende und ordnende Beziehung für die Kinder.

Der getrennt lebende Elternteil

Die Gründung einer Stieffamilie in dem Familienverbund, in dem die Kinder die meiste Zeit verbringen, hat auch Auswirkungen auf die Beziehungen zu dem Elternteil, mit dem die Kinder nur zeitweise, an Wochenenden und/oder im Urlaub zusammenleben. Die Kinder werden sich fragen, ob sie ihre Beziehung zu ihrem Vater aufgeben müssen, weil vielleicht der neue Partner der Mutter nun ihr «Vater» sein möchte. Wenn die neue Familie Unternehmungen an Wochenenden oder in den Ferien plant, werden häufig bisherige Besuchsregelungen mit dem Vater der Kinder verändert und müssen neu geklärt werden. Dies kann zu neuen Schwierigkeiten in der Beziehung der beiden getrennt lebenden Eltern führen. Für den Vater könnte der neue Partner seiner früheren Frau zum Konkurrenten werden: Er befürchtet, daß ihm der «Neue» seine Kinder «abwirbt» und er sie verliert. Es entstehen Ängste und Phantasien – sowohl beim Vater wie bei den Kindern –, und solche Gefühle belasten die Beziehungen auf allen Seiten.

Zueinanderwachsen braucht Zeit

Die neue Paarbildung und die gleichzeitige Gründung einer Stieffamilie ist also von einem Zuwachs an neuen Beziehungen im bisherigen Familienverbund gekennzeichnet. Dabei wird häufig vergessen, daß «Zu-wachs» – Zueinanderwachsen – Zeit braucht. Das Zueinanderkommen von Menschen gelingt nicht im Hauruckverfahren und noch weniger durch Beschluß oder Verordnung. Dieses «Mehr» an Beziehungen darf auch nicht so verstanden werden, daß rein additiv nun einfach eine Person mehr im Haushalt lebt. Der Zuwachs an Beziehungen verändert alle bisherigen Rollen, und die Aufgaben und Positionen in der neuen Familie müssen insgesamt neu geregelt werden. Neu wachsende Beziehungen brauchen Offenheit, Vertrauen und viel, viel Zeit. Neue Verhaltensweisen müssen diskutiert, entwickelt und ausprobiert werden. Oft geht es ums Loslassen von bisherigen Vorstellungen, manchmal auch darum, etwas erst einmal so zu lassen, wie es ist.

Stieffamilien auf dem Weg

«Wann sind wir endlich eine Familie wie jede andere?» So lautet eine häufige Frage von Stieffamilien nach Monaten, ja Jahren intensiver Aufbauarbeit in der neuen Familie. Was kommt nach der Gründungsphase? Ist das Ziel des Zusammenfindens der Stieffamilie, bald oder zu irgendeinem nicht sehr fernen Zeitpunkt eine «normale» Familie zu sein?

Gespräche mit Stieffamilien zeigen, daß ein großer Teil dieser Familien immer diese *eine* Hoffnung, dieses *eine* Ziel und diesen *einen* Wunsch hat: Sie wollen endlich nach außen und nach innen wie eine Kernfamilie sein. Sie möchten unter *einem* Dach als Mann und Frau mit gemeinsamen Kindern in *einem* Haushalt und meist unter *einem* Namen leben. Dahinter verbirgt sich der Wunsch nach Geborgenheit, die ihnen in der täglichen Auseinandersetzung manchmal verlorengeht.

Auch wenn diese Aussage schmerzlich für Betroffene sein kann: Es gibt kein Zurück zur «alten» Familienform! Stieffamilien haben die bedeutende und kreative Aufgabe, die gemeinsamen Beziehungen in den Mittelpunkt ihrer Familienidentität zu rücken. Miteinander reden, aushandeln, klären, vermitteln und gemeinsam nachdenken – das hilft Stieffamilien, eine Familie eigener Art und eigener Prägung zu werden und zu sein. Und dies ist und bleibt eine immerwährende Aufgabe.

3 | Alles stief: Vater, Mutter, Kind ...

Die Mutter

Ist die Mutter in der Stieffamilie nicht eine Mutter wie in jeder Familie? Bedarf ihre Rolle einer ausführlichen Beschreibung? Ja, denn in der Stieffamilie ist die Mutter anders und viel mehr! Es ist ein Trugschluß zu glauben, die Rolle der Mutter sei in allen Familienformen gleich.

Laura sitzt traurig und verzweifelt bei ihrer Freundin Anne. Sie erzählt: «Ich halte es bald nicht mehr aus zu Hause. Jeder will etwas anderes von mir, jeder zerrt an meinen Nerven. Das macht mich fertig.

Erich (Lauras geschiedener Mann) *hat Marco* (ihrem gemeinsamen Kind) *am letzten Wochenende erzählt, ich hätte Bernd* (Lauras neuen Partner) *schon lange vor der Trennung zum Freund gehabt, und er habe mich deswegen verlassen. Als Marco von seinem Vater kam, war er bedrückt und schweigsam. Erst viel später, als er den Druck nicht mehr aushielt, packte er dann aus. Bernd war wütend, als er von Erichs Unterstellungen hörte, und ich konnte ihn nur mit Mühe davon abhalten, Erich anzurufen und einen Streit vom Zaun zu brechen. Als Marco Bernds Wut auf Erich mitbekam, hielt er sofort zu seinem Vater und verteidigte ihn. Nun wurde Bernd zornig auf Marco.*

So drehte sich der Streit im Kreis. Ich schnappte mir Bernd und Marco einzeln und brachte alles, so gut es ging, wieder ins Lot. Auch mit Erich versuchte ich zu reden, aber der hat das Gespräch gleich abgeblockt. Und ich? Mich fragt bei alldem keiner, wie es mir geht. Ich sitze zwischen allen Stühlen. Ich habe oft keine Kraft mehr, auszugleichen und alles in der Waage zu halten.»

Dazwischen sein

Laura schildert eindrücklich ihre Lage «zwischen allen Stühlen». Sehr oft befindet sie sich zwischen zwei Parteien, nämlich:

▶ zwischen dem Vater, der nicht mehr mit der Familie zusammenlebt, und dem gemeinsamen Kind: Erich hatte bei Marco negativ über Laura gesprochen, was Marco belastet. Nun muß sie versuchen, mit Marco zu reden, um das gegenseitige Vertrauen wiederherzustellen. Sie wird auch Erich klarmachen, daß er bei Marco ihre frühere Paarbeziehung nicht thematisieren soll, weil dies Marco unnötig belastet;

▶ zwischen Bernd, ihrem neuen, und Erich, dem früheren Partner: Bernd ist wütend auf Erich, weil er ihn und Laura verdächtigt und zu Unrecht beschuldigt. Laura fühlt sich verantwortlich dafür, daß die beiden Männer keinen Streit miteinander beginnen, da dies allen Beziehungen in diesem Familienverband nur schadet;

▶ zwischen Bernd, ihrem neuen Partner, und Marco, ihrem Kind: Bernd reagiert sauer darauf, daß Marco seinen Vater in dieser Sache verteidigt. Laura muß versuchen, bei Bernd Verständnis für die Einstellung von Marco zu wecken: Kinder wollen nicht, daß über ihre Eltern schlecht gesprochen wird. Marco wird sie deutlich machen, daß die negativen Gefühle zwischen Bernd und Erich nichts mit ihm zu tun haben.

▶ Wenn Bernd ebenfalls ein Kind oder Kinder aus einer früheren Partnerschaft in die neue Familie eingebracht hätte, würde sich Laura häufig zwischen Marco und diesen Kindern und ihrem Vater Bernd stehend erleben, wieder mit dem Gefühl, ausgleichen, vermitteln oder klären zu müssen.

Vielfache Anforderungen

Diese Position «dazwischen» ist sehr einflußreich. Die Mutter kann vermitteln, beide Seiten verbinden, zwischen beiden Seiten ausgleichen, und sie kann diese Stellung für den notwendigen Kontakt untereinander nutzen.

Gleichzeitig ist diese Position aber auch belastend, ja überfordernd, wie die folgenden Situationen zeigen:

▶ «Du hast mir nichts zu sagen!» schreit Marco seinen Stiefvater im Zorn an. Bernd hatte Marco befohlen, den Mittagstisch abzuräumen. Bernd ist tief getroffen und vielleicht beleidigt. Was kann Laura hier tun? Wahrscheinlich wird sie Marco wegen des heftigen Zornausbruchs zurechtweisen – aber in der Sache hat ihr Kind doch recht! Wenn sie dann auf Bernd zugeht, um ihn aufzurichten, kann dies Marco als Parteinahme gegen sich empfinden.

Alles stief: Vater, Mutter, Kind ...

▶ Laura wünscht sich, daß Bernd mit Marco mehr unternimmt und ihn vor allem mehr beachtet. «Geh doch mal mit Marco auf den Fußballplatz. Marco möchte so gerne auch mal mit *dir* etwas unternehmen.» Bernd empfindet diesen Wunsch von Laura als Kritik und zieht sich zurück.

▶ Erich hat den Wunsch, Marco häufiger bei sich zu haben. Daß er Marco nur jeweils am Wochenende sehen kann, ist ihm zuwenig. Laura dagegen hat den Eindruck, daß Marco mit der bisherigen Regelung gerade erst Stabilität und Geborgenheit gefunden hat. Die Bedürfnisse beider «Seiten» zusammenzubringen ist oft schwer. Wie soll sie sich verhalten?

▶ Erich reagierte verstört, als Bernd in die Wohnung von Laura einzog. Er befürchtete, daß er seinen Platz bei Marco verlieren könnte, wenn nun ein neuer Mann in die Familie kommt. «Als ich dies spürte, sagte ich zu Erich: ‹Der Bernd ist der Bernd. Du kannst dich darauf verlassen! Du bleibst Marcos Vater!› — Ich glaube, das hat ihm gutgetan», erzählt Laura. «Aber das ist nicht mit einem Mal Sagen getan. Ich muß da immer wieder nachhaken und klären. Andererseits muß ich Bernd zureden, daß Marco ein Recht hat, seinen Vater zu sehen. Bernd stört es, daß unsere gemeinsame Familienplanung dadurch beeinflußt wird und wir Rücksicht nehmen müssen auf die Zeiten, die für den Besuch von Marco bei seinem Vater reserviert sind. Sehr schnell beginnt dann zwischen diesen Männern ein Konkurrenzverhalten, das mich wiederum herausfordert, Stellung zu nehmen.»

Umgang mit den eigenen Gefühlen

«Es ist Schwerstarbeit!» sagt Laura, wenn sie über ihre Rolle spricht. «Es ist zudem eine Arbeit, die nie endet. Wenn man zusammenlebt und etwas miteinander aufbauen will, treten immer wieder Unklarheiten und Ängste auf, die geklärt werden müssen. Ich muß das alles zusammenkriegen: daß ich von Marcos Vater getrennt lebe, daß Marco unser gemeinsamer Sohn ist und daß ich einen neuen Partner habe, mit dem ich zusammenleben will. Wir sitzen alle in einem Boot, und keiner kann Interesse daran haben, sich gegen jemanden zu entscheiden.»

Die Mutter in der Stieffamilie steckt immer wieder in der Situation, genau hinschauen und sortieren zu müssen: Geht es jetzt um eine Entscheidung, die zwischen dem Vater der gemeinsamen Kinder und ihr getroffen werden muß? Dann muß der Stiefvater zurückstehen. Oder geht es um eine Angelegenheit, die die neue Familie betrifft, dann hat der frühere Partner damit nichts zu tun und muß sich zurücknehmen. Der Mutter fällt die Aufgabe zu, klar zu unterscheiden und deutliche Grenzen zu ziehen, Klarheit in den Aufgaben und Rollen zu schaffen und zugleich die Stieffamilienmitglieder miteinander zu verbinden. Und bei alldem bleibt das bestimmende Ziel, das Ganze, die oftmals komplizierte Familienkonstellation, lebbar zu machen.

Vermitteln ist grundsätzlich ein undankbares Geschäft. Wer achtet schon darauf, wie es der Person geht, die sich zwischen zwei Streithähne stellt oder die versucht, zwei Parteien zusammenzubringen? Genauso geht es der Mutter: Wo bleiben ihre Wünsche, Bedürfnisse und Ängste? Sie kann bestimmt beide Seiten gut verstehen und viel Sympathie zeigen; sie kann die Ängste aufnehmen und, wenn nötig, auch abbauen. Aber wer nimmt *ihre* Ängste auf, wenn ihr die Verantwortung verständlicherweise wieder einmal zuviel wird? «Ich glaube, da kann mir niemand

Alles stief: Vater, Mutter, Kind ...

wirklich helfen», sagt Laura. «Ich habe gelernt, in solchen Situationen erst einmal tief durchzuatmen und bis zehn zu zählen, bevor ich reagiere. Bei der Sache kann ich nur mich selber trösten und versuchen, etwas zu finden, was mir guttut. Wenn mir Gespräche mit Freundinnen nicht mehr weiterhelfen, dann spreche ich mit einer Therapeutin, die ich schon länger kenne.»

Macht und Einfluß der Mutter

Die Position der Mutter, die nach allen Seiten hin vermitteln, unterstützen, Hilfe anbieten und regeln kann und muß, ist zugleich eine gefährliche Position, gerade weil sie so einflußreich ist. «Ich vermittle zwischen allen und versuche, alle miteinander zu verbinden. Aber ich habe gemerkt, daß ich Erichs Einfluß auch begrenzen kann», sagt Laura. Mütter haben es in der Hand, die als «schwierig» empfundenen Väter auszugrenzen und die Kontakte zwischen ihm und den Kindern zu unterbinden oder zumindest einzuschränken. Die Gefahr ist groß, dem Bedürfnis nach Ruhe und dem Wunsch, endlich ein neues Leben zu beginnen, nachzugeben und die Beziehungen zum Vater der Kinder abzubrechen. Dahinter stecken häufig nicht verheilte Verletzungen aus der früheren Zeit als Paar. Auch Geld kann eine Rolle spielen. Beispielsweise kann die Unfähigkeit beider Eltern, sich auf eine faire Unterhaltspraxis zu einigen, dazu führen, daß die Mutter die Vater-Kind-Beziehung stört oder sogar abbricht.

Die Sehnsucht nach «einfachen» Lösungen ist in solchen Situationen allzu verständlich. Trotzdem: Untersuchungen belegen, daß «Kinder die Scheidung ihrer Eltern eher ohne Störung verarbeiten und sich besser und schneller an die Nachscheidungssituationen anpassen, wenn ihnen die Beziehung zum nicht sorgeberechtigten Elternteil (nach dem neuen Kindschaftsrecht zu *beiden* Elternteilen – die Verf.) erhalten bleibt» (Napp-Peters 1988, S. 43).

Der amerikanische Kinderpsychiater Richard Gardner hat die diagnostische Kategorie PAS (Parental Alienation Syndrome, zu deutsch: elterliches Entfremdungssyndrom) für die Fälle eingeführt, in denen eine Mutter den Kontakt der Kinder zu ihrem Vater, der nicht mehr in der Familie lebt, behindert oder untergräbt (vgl. Gardner 1992) und in denen dann die Kinder ihre Mutter vorbehaltlos akzeptieren und sich vom Vater distanzieren. Wir halten die PAS-Etikettierung für gefährlich, weil sie die betroffenen Mütter undifferenziert und vorschnell als «böse» verurteilt und die «armen» Väter bedauert. Wir haben es bei solchen Vorkommnissen mit Verhalten *zwischen* Menschen und *nicht mit Eigenschaften* von Menschen zu tun. Auffallend ist, daß sich eine solche «PAS-Diagnose» einmal mehr gegen Frauen richtet.

Grenzen beachten

Besondere Beachtung verdient in Stieffamilien die Phase der Ablösung der Tochter in der Pubertät. Durch sie wird die Mutter besonders herausgefordert. Das Ringen der Tochter um Autonomie zielt darauf, ihre Selbständigkeit und ihre Identität als Frau zu entwickeln. Dabei stellt die Tochter die Frage nach der besseren Frau und mißt sich vor allem mit ihrer Mutter. Die entstehende Spannung kann dadurch verschärft werden, daß in der Stieffamilie der Stiefvater nicht der leibliche Vater ist. Für die Kernfamilie gilt die kulturelle Norm des «Inzesttabus». Damit sind gesellschaftlich akzeptierte Umgangsformen verbunden, in denen die erotische Komponente zwischen Vater und Tochter, Mutter und Sohn, Bruder und Schwester gelebt werden kann. Über solche Hilfen verfügt die Stieffamilie nicht,

und so kann es in der genannten Altersphase zu Grenz-
überschreitungen zwischen Stiefvater und Stieftochter
kommen (s. a. S. 96ff.). Diese Situation erfordert von vornherein eine besonders präsente und konsequente Mutter,
die ihre Tochter hält und führt und den Mitgliedern der
Stieffamilie hilft, über Nähe und Distanz, Zärtlichkeit und
Sexualität zu sprechen, damit es in diesem Bereich zu klaren und zugleich flexiblen Grenzen kommen kann.

Die Mutter in der Stieffamilie ist im Umgang mit den
unterschiedlichen Gefühlen und Spannungen auf das Gespräch mit dem neuen Partner angewiesen, um sicheren
Boden unter den Füßen zu finden und zu behalten.

Hinweise für die Mutter

Den neuen Partner prüfen
Sollten Sie vor der Entscheidung stehen, ob Sie eine neue
Beziehung zu einem Partner eingehen wollen, dann fragen
Sie sich offen, welches Ihre Gründe dafür sind.

Wenn Sie vor allem einen neuen Vater für Ihre Kinder
suchen, sind dies ungünstige Voraussetzungen. Ihr Freund
wird den Platz des Vaters nie einnehmen können. Ihre Kinder haben schon ihren Vater, auch wenn die Beziehung zu
ihm im Augenblick vielleicht nicht aktiv gestaltet werden
kann oder schwierig ist. Wenn sich die Suche nach einem
Vater für die Kinder als Hauptmotiv für eine neue Beziehung erweist, dann sollte diese Beziehung nicht eingegangen werden.

Solange Sie den Eindruck haben, daß Ihr neuer Freund
Sie als Partnerin sucht, aber Ihre Kinder lediglich «in Kauf
nimmt», ist dies keine ausreichende Basis für eine tragfähige Beziehung. Dann ist es besser, nein zu sagen. Ein
wohlwollendes Gefühl Ihres neuen Partners gegenüber Ihren Kindern und sein Wunsch und Wille, sich auf sie ein-

zulassen, ist eine Grundbedingung für einen guten Beziehungsaufbau in der Stieffamilie.

Kontakt zum anderen Elternteil halten

Sorgen Sie als Elternteil, bei dem die Kinder die meiste Zeit leben, dafür, daß der Kontakt Ihrer Kinder zum anderen Elternteil bestehen bleibt, gerade wenn nun mit Ihrem Partner ein weiterer Erwachsener in die Familie kommt. Übernehmen Sie es, falls erforderlich, passende Besuchs- und Kontaktregelungen mit Ihrem früheren Partner auszuhandeln.

Sie sind verantwortlich!

Pflegen Sie die Beziehung zu Ihren Kindern, und betrachten Sie die Erziehung als Ihre Aufgabe, auch wenn Sie sich bisweilen eine Erleichterung davon versprechen, einen Teil der Verantwortung dafür an Ihren neuen Partner abzugeben. Der neue Partner kann, will und soll nicht jemanden ersetzen, sondern kommt als eine zusätzliche Bezugsperson in die neue Familie. Ihre Kinder brauchen gerade *Sie* in diesen Zeiten des Umbruchs und der Unsicherheit, weil nur *Sie* ihnen Halt und Sicherheit bieten können.

Verausgaben Sie sich nicht!
Ihre Aufgaben sind vielfältig und verlangen von Ihnen viel Einsatz, Kraft, Einfühlung und kreatives Engagement. Auch wenn es schwerfällt, die viele Arbeit zu unterbrechen: Sie brauchen Zeit für sich selbst, Inseln der Ruhe.

Rechtliche Situation

Alleinsorge
Die elterliche Verantwortung für sämtliche Belange des Kindes liegt bei der Mutter des Kindes, wenn sie nach der Scheidung die Alleinsorge erhalten hat. Das Kind hat das Recht auf Umgang mit dem nichtsorgeberechtigten Vater. Die Eltern haben deshalb gemeinsame Absprachen zu treffen, die primär die Bedürfnisse des Kindes berücksichtigen, um die Elternbeziehung trotz Trennung aufrechtzuerhalten (s. a. Kap. 4).

Gemeinsames Sorgerecht
Durch die Reform des Kindschaftsrechts vom 1. 7. 1998 ist das gemeinsame Sorgerecht nunmehr für alle Eltern einheitlich geregelt, unabhängig davon, ob sie zusammen oder in Trennung leben. Trennung ist kein Grund, das gemeinsame Sorgerecht «von Amts wegen» aufzuheben.

Die Pflege und Erziehung des Kindes werden gemeinsam ausgeübt, in eigener Verantwortung und im Einvernehmen zum Wohle des Kindes (§ 1627 BGB). Das Familienrecht geht vom Modell einer partnerschaftlichen Elternbeziehung aus.

Zur Konfliktvermeidung hat der Gesetzgeber allerdings die Rechtsstellung des Elternteils, der mit dem Kind zusammenlebt, etwas stärker ausgestaltet. Angelegenheiten des täglichen Lebens und die Betreuung des Kindes müssen die Eltern nicht untereinander abstimmen (§ 1629 Abs. 1 Satz 4 BGB).

Über Angelegenheiten mit erheblicher Bedeutung und eventuell weitreichenden Auswirkungen für das Leben des Kindes, wie z. B. Fragen des Aufenthalts, des Wohnsitzes, schulische Belange, medizinische Entscheidungen, müssen sich die Eltern einigen. Dies setzt voraus, daß ein gewisses Maß an Kooperationsbereitschaft vorhanden ist und die Eltern sich regelmäßig wechselseitig über die Angelegenheiten ihres gemeinsamen Kindes besprechen.

Da zwischen dem neuen Partner der Mutter und dem Kind aufgrund des Zusammenlebens keine Rechtsbeziehung entstanden ist, kann die Mutter ihren neuen Partner mündlich oder schriftlich bevollmächtigen, daß er sie in einer sog. nicht alltäglichen Angelegenheit der Kinder wie Arztbesuch, Krankenhaus, Ämter, Schule des Kindes vertritt und auch Entscheidungen trifft. In wichtigen Fällen ist es sinnvoll, die Vollmacht schriftlich zu erklären.

Beispiel für eine Vollmacht:

*Hiermit bevollmächtige ich meinen Partner, Herrn ....
(Name), mich in allen ärztlichen Angelgenheiten, die mein
Kind .... (Name) betreffen, zu vertreten.*

Datum .... Unterschrift der Mutter des Kindes

Die Vollmacht ist jederzeit widerrufbar.

Alles stief: Vater, Mutter, Kind ...

Der Vater

Achim (45) ist geschieden und lebt heute mir seiner zweiten Partnerin Marina (40), deren Sohn Jörg (15) und seiner Tochter Isabel (17) zusammen. Isabel verbringt jedes Wochenende mit ihrer Mutter Hanna:

«Als ich Vater wurde, konnte ich bereits fühlen: das klappt nicht auf Dauer mit unserer Liebesbeziehung. ‹Irgendwie kommst du da wieder raus›, dachte ich mir. Wie gewaltig ich mich getäuscht hatte, wurde mir erst nach der Geburt unserer Tochter Isabel bewußt. Ich wollte das Kind und konnte nicht einfach innerlich und real auf und davon.»

Bisher leben Kinder nach einer Scheidung eher selten vorwiegend beim Vater, da in unserer Gesellschaft die Vorstellung noch weit verbreitet ist, daß Mütter ihre Kinder am besten versorgen können und Kinder zu ihren Müttern gehören. Wenn allerdings Väter ihre Partnerin und Mutter der Kinder durch den Tod verlieren, bleiben sie in der Regel zunächst mit den Kindern allein zusammen, bis dann vielleicht eine Stiefmutter in die Familie kommt.

Achim erzählt von seinen Erfahrungen nach seiner Trennung:

«Ich war mit Herz und Verstand Vater geworden und hatte diese Rolle angenommen. Wie kompliziert eine Trennung würde, wenn ein Kind da ist, konnte ich mir damals nicht ausmalen. Ich glaube, das wissen die meisten Männer vorher nicht. Meine frühere Partnerin und ich sind lebenslang über das gemeinsame Kind verbunden, ob ich das will oder nicht.

Ich habe in jeder Weise unterschätzt, wie dramatisch und kompliziert sich viele Situationen nach der Trennung gestalten. Es sind die kleinen Dinge des Alltags, bei denen das Leiden beginnt:

Nach der Übergabe am Freitagabend fehlt mir gerade mein Kind am Wochenende. Wenn Isabel krank war, fiel es mir be-

sonders schwer, das genesende, vielleicht noch hüstelnde Kind seiner Mutter zu übergeben – samt Medikamenten.

Gefühle der Schuld gegenüber Isabel durchziehen viele Momente meines Lebens. Das bekommen die Mutter von Isabel und Isabel selbst natürlich nicht mit. Beim Erziehen muß man immer wieder verbieten und darf erlauben. Da sind unklare Schuldgefühle ein idealer Nährboden für Grenzkonflikte: Wer hat hier welche Kompetenzen, wer hat wem was zu sagen, wer bestimmt?

Ich hatte immer das Gefühl, Isabel nicht genug gegeben zu haben – ohne Grund, wie ich heute weiß. Denn sie bekommt, gerade auch seit Marina da ist, meiner Meinung nach sehr viel Zuwendung. Da mittlerweile meine erste Frau Hanna auch wieder verheiratet ist, lebt Isabel in zwei Stieffamilien. Vier Erwachsene statt zwei können mehr geben, und die viermal vorhandenen Großelternpaare ergänzen diese Zuwendung.

Hatte meine erste Frau in meinen Augen Unmögliches getan, konnte ich mich aufregen. Später tröstete mich der Hinweis, daß ich wenigstens mal wieder weiß, warum wir uns getrennt haben. Dieses Phänomen tauchte häufig dann auf, wenn ich in Isabel mir unangenehme Eigenschaften meiner früheren Frau entdeckte.

Hanna und ich hatten klar besprochen, an welchen Tagen Isabel wo ist. Doch Feste, Geburtstage oder mein Wunsch, auch einmal in der Woche Zeit für mich zu haben, chaotisierten alles. Wie bei einem kleinen Erdbeben brauchte es dann manchmal acht bis vierzehn Tage Zeit, bis wir wieder im Lot waren.

Männlich-rational lassen sich diese Konflikte nur schwer lösen. Es gibt keine Patentlösungen, keine Formeln, die man einsetzen kann. Ich mußte lernen, mich auseinanderzusetzen, auf alle Seiten hin fair zu streiten und auch hin und wieder einmal einfach drei gerade sein zu lassen. Diese Erfahrung hat mein persönliches und berufliches Leben trotz allem bereichert und wertvoll gemacht.»

Wenn der Vater eine neue Partnerin gewinnt

Die eher ungewöhnliche Situation, daß die Kinder vorwiegend vom Vater versorgt werden, bringt es meist mit sich, daß Vater und Sohn oder Tochter eine sehr enge Beziehung zueinander haben.

Wenn nun eine neue Partnerin des Vaters in dieses Beziehungsnetz hineinkommt, sind alle herausgefordert. Der Vater braucht zwar seine neue Partnerin – auch für die Mitversorgung seiner Kinder –, aber häufig kommt es dazu, daß er seine Partnerin kritisiert oder sogar zurechtweist, wie Achim erzählt:

«Nach meiner Trennung von Hanna, lernte ich eine jüngere Frau kennen. Diese Beziehung hatte kaum eine Chance. Ich definierte mich als Vater und Mann (in dieser Reihenfolge) und erwartete immer wieder Rücksichtnahme. War Isabel krank, konnte ich mich mit meiner Freundin nicht treffen. War Isabel bei Ausflügen oder im Urlaub schwierig oder aufsässig, hatten wir prompt wieder heftigen Streit. Unausgesprochen war die Frage meiner Freundin häufig die: ‹Wer ist dir wichtiger, Isabel oder ich?› Natürlich Isabel – war meine innere Antwort. Meine Freundin mochte zwar Isabel, aber die Vater-Tochter-Beziehung war zu stark. Da war kein Platz für eine weitere Person. Daher trennten wir uns nach 15 Monaten. Ich glaube, daß bei getrennten Eltern die Nähe von Vater und Mutter zum Kind deshalb so intensiv ist, weil etwas fehlt: die elterliche Paarbeziehung.»

Wer versorgt die Kinder?

Eine grundlegende Aufgabe des Vaters ist die Versorgung und Erziehung seiner Kinder. Wer übernimmt tagsüber diese Verantwortung, wenn der Vater der Kinder berufstätig ist? Kann der Vater so ohne weiteres seine Beschäftigung aufgeben oder reduzieren? Wie sähe dann die finanzielle Situation für alle Beteiligten aus? Gibt es Verwandte, Großeltern oder Tanten, die einspringen können oder sogar auf längere Zeit die Versorgung der Kinder übernehmen? Bei Achim war die Versorgung von Isabel kein Problem, da ihre Mutter in unmittelbarer Nähe wohnte. Als Isabel größer wurde, fanden die getrennten Eltern einen Kinderladen ganz in der Nähe, in dem Isabel bleiben konnte, wenn gerade keiner der Elternteile zu Hause war.

Vorsicht, Falle!
Die Stiefmutter ist nicht die Mutter

Doch nicht immer findet sich solch eine einfache Lösung. Geht der Vater dann eine neue Beziehung ein, ist es verständlich, daß er in einer neuen Partnerin auch eine Hilfe für seine Kinder sucht. Eine Gefahr für die neue Partnerschaft und für die Stieffamilie besteht, wenn er nicht klar unterscheidet, ob es zuerst und vor allem Zuneigung zu seiner Partnerin ist, die ihn motiviert, auf diese Frau zuzugehen, oder ob er vor allem jemanden für die Versorgung seiner Kinder sucht. Es ist eine Falle, sich und seine Partnerin darüber im unklaren zu lassen.

Eine weitere Falle ergibt sich aus dem mehr oder weniger starken Wunsch des Vaters, daß seine neue Partnerin bei seinen Kindern Mutterfunktion übernimmt. Er wendet sich z. B. wieder vor allem seiner außerhäuslichen Tätigkeit zu und überläßt die Erziehung seiner Kinder weitgehend seiner neuen Partnerin. Sucht diese den Erwartungen ihres Partners nachzukommen und übernimmt elterliche Autorität, werden sich ihr die Kinder in aller Regel widersetzen (s. a. S. 85 ff.). Mit Recht: die Stiefmutter kann und soll nicht Mutterfunktionen übernehmen. Den Machtkampf zwischen ihr und ihren Stiefkindern wird sie in jedem Fall verlieren – auch deswegen, weil sich der Vater im Konfliktfall doch auf die Seite seiner Kinder stellt.

Eine andere Falle kann darin liegen, daß der Vater seiner neuen Partnerin nur die Verantwortung für die Bewältigung des Familienalltags in der Stieffamilie übergibt. Für die Erziehung der Kinder fühlt er sich aber – mit Recht – weiterhin zuständig, läßt aber seine Partnerin darüber im unklaren. Wenn sich die Stiefkinder dann gegen Erziehungsversuche der Stiefmutter wehren, wird der Vater seiner Partnerin – so wird sie es empfinden – in den Rücken fallen. Dieses grundlegende «Mißverständnis» kann dazu führen, daß sich die Stiefmutter immer mehr zurückzieht, bis sie schließlich die Stieffamilie verläßt.

Hinweise für den Vater

▶ Klären Sie Ihre Partnerwahl! Haben Sie Ihre Partnerin gewählt, weil Sie sie lieben, oder haben Sie sie nur oder vorwiegend gewählt, weil Sie sie für die Versorgung Ihrer Kinder brauchen?

▶ Wenn Sie Ihre Partnerin aus Liebe gewählt haben: Machen sie ihr deutlich, daß Sie sie brauchen, weil Sie sie lieben, und nicht, daß Sie sie «lieben», weil Sie sie brauchen.

▶ Haben Sie Verständnis dafür, daß Ihre Partnerin gelegentlich unsicher ist, welchen Stellenwert sie in der neuen Familie hat angesichts Ihrer engen Bindungen zu Ihren Kindern und angesichts der Beziehung der Stiefkinder zu ihrer Mutter. Machen Sie ihr deutlich, daß Sie sie lieben. Ihre Liebe zu den Kindern ist die Liebe des Vaters zu seinen Kindern. Sie läßt sich nicht vergleichen mit der partnerschaftlichen Zuneigung und Liebe, die Sie zu Ihr haben.

▶ Wenn Sie von Ihrer Partnerin darauf aufmerksam gemacht werden, daß Sie im Umgang mit Ihren Kindern zu nachsichtig sind und sie möglicherweise zu sehr verwöhnen, dann wischen Sie diese Bemerkung nicht gleich vom Tisch. Vielleicht hat sich bei Ihnen durch die schwere Zeit der Trennung eine besonders rücksichtsvolle Umgangsweise mit Ihren Kindern eingespielt, die von allzu weitgehender Nachsicht geprägt wird, was Außenstehenden leichter auffällt als Ihnen selbst. Wenn Sie Ihre Partnerin als ein Ihnen wohlgesinntes Korrektiv ernst nehmen, wird dies Ihre Partnerbeziehung positiv beeinflussen.

▶ Wenn Ihr Kind teilweise oder die meiste Zeit mit Ihnen und Ihrer Partnerin zusammenlebt, ist es sinnvoll, ein gewisses Maß an Entscheidungskompetenz auf Ihre Partnerin zu übertragen. Diese Kompetenz sollte sich allerdings auf die Einhaltung der alltäglichen Regeln in der Familie beschränken. Sie sind und Sie bleiben als Vater verantwortlich für die Erziehung der Kinder.

▶ Sprechen Sie mit Ihren Kindern im Rahmen von «Familiengesprächen» darüber, daß es in Ihrem Sinne ist, wenn die Stiefmutter auf der Einhaltung der gemeinsam vereinbarten Regeln besteht, zumal während Ihrer Abwesenheit.

▶ Geduld mit sich und den anderen ist der Königsweg zu einem glücklichen Zusammenleben in der Stieffamilie!

Rechtliche Situation

Sie ist wie diejenige der Mutter gestaltet (s. S. 55 ff.).

Der getrennt lebende Vater

Wenn Eltern sich trennen, zieht meist ein Elternteil aus der gemeinsamen Wohnung aus und schafft sich einen neuen, eigenen Lebensbereich. Dies kann am bisherigen Wohnort, in der gleichen Straße oder weiter weg sein. Die Anwesenheit von Kindern entscheidet meist darüber, wer auszieht und wer überwiegend mit den Kindern in der bisherigen Wohnung bleibt. Es ist hilfreich für die Kinder, wenn Eltern bei der Trennung darauf achten, daß die Kinder nicht aus ihrem bisherigen Umfeld herausgerissen werden. Sie sind durch die Trennung ihrer Eltern ohnehin sehr verunsichert. Deshalb sollte die Beziehung zu Spielkameraden und Freunden in der Nachbarschaft, das Eingebundensein in eine Gruppe in Kindergarten oder Schule und der Kontakt zu den bisherigen Erzieherinnen, Lehrerinnen oder Lehrern erhalten bleiben. Auch der Bezug zu der gewohnten und vertrauten Umgebung ist jetzt besonders wichtig.

Ein neuer Elterntypus

Daß ein Elternteil nur zu festgelegten Zeiten mit seinen Kindern zusammenlebt, verlangt eine neue Elternrolle. Es gibt bis heute nicht einmal eine geeignete Bezeichnung für diese Form der Elternschaft. Gelegentlich wird vom «außerhalb lebenden leiblichen Elternteil» gesprochen. Manchmal werden diese Väter oder Mütter «Besuchsväter» oder «Wochenendmütter» genannt.

Alle diese Bezeichnungen weisen auf ein Defizit hin und enthalten abwertende Elemente. Was bedeutet «außerhalb»? Es gibt in der Stieffamilie im Grunde genommen keine Position, die außerhalb ist, weil die Grenzen der Stieffamilie anders verlaufen als bei der Kernfamilie. Der

Elternteil, der nicht die meiste Zeit mit seinen Kindern zusammenlebt, gehört existentiell zu seinen Kindern und bleibt Vater bzw. Mutter. Die Beziehungen «Wochenendvater» oder «Besuchsmutter» erwecken die Vorstellung einer «Sonntagsbeziehung»: man pflegt sie, wenn man sie braucht, aber wichtig ist sie eigentlich nicht. Das entspricht nicht der Wirklichkeit. Auch wenn ein Elternteil seltener mit seinen Kindern zusammenlebt, beeinflußt er die Identitätsentwicklung seiner Kinder und das Gelingen der Stieffamilie in hohem Maß. Stieffamilien lehren uns, daß Elternschaft nicht vor allem abhängig ist vom Zeitaufwand, den man einsetzt, sondern daß Engagement und Intensität der Beziehung, mit der Elternsein gelebt wird, entscheidend sind.

Wie kann nun ein Elternteil Elternfunktionen für sein Kind übernehmen, wenn er nicht mehr täglich mit dem

Immer diese Wochenend-gratwanderungen..

Kind zusammenlebt? Wenn ein Terminkalender die Zeit und den Ort des Zusammenseins regelt und nicht mehr das alltägliche regelmäßige Beisammensein? Wie kann ein Elternteil unter den neuen Bedingungen, trotz vieler Einschränkungen, eine Identität als Vater oder Mutter behalten, ja entwickeln und vertiefen?

Vatersein an einem anderen Ort

Max zog aus der gemeinsamen Wohnung aus, als Katharina gut zwei Jahre alt war, und suchte sich eine neue Wohnung in der gleichen Stadt. Anfangs war für Max der Samstag «Katharina-Tag». Er holte sie ab, spielte mit ihr in seiner Wohnung, oder sie machten gemeinsame Ausflüge. Später blieb Katharina dann auch über Nacht, und so hat sich schon sehr lange eine feste Regelung herausgebildet, die besagt, daß Katharina von Freitagabend bis Samstagnachmittag bei Max lebt. Katharina ist heute 16 Jahre alt. Ihre Eigenständigkeit wird größer, und Max und sie gestalten die zeitlichen Regelungen zunehmend flexibler.

Das Wochenende ist kurz, in Max' Situation etwa 24 Stunden lang. Wie ist es möglich, sich in dieser knappen Zeit aufeinander einzulassen? Der Abschied steht ja immer wieder vor der Türe, und dann dauert es eine ganze Woche lang, bis sich Vater und Tochter wiedersehen. «Ich gebe zu, daß man sich da reinleben muß», sagt Max. «Es gab anfangs Situationen, da hat Katharina geweint beim Abschied von ihrer Mutter. Sie wollte, daß wir wieder zusammenkommen. Das war vor allem dann, wenn wir (Eltern) Streit hatten. Das hat Katharina gespürt. Mit jedem Mal ‹Katharina-Abholen› war bei mir die Konfrontation mit der Trennung verbunden. Es gibt heute immer noch Momente, wo's weh tut.»

Übergänge schaffen

Max' Erfahrungen machen deutlich, wie schwierig gerade die Übergänge sind. Katharina verläßt ihre gewohnte Umgebung, die Menschen, mit denen sie eine Woche lang zusammengelebt hat, und geht zu Max' Zuhause, wo er eine Woche lang ohne sie gelebt hat. Diese Übergänge hat Max aktiv gestaltet. «Ich hole Katharina ab, bis heute. Das mache ich gern, obwohl Katharina ja inzwischen mit der Straßenbahn selber zu mir fahren könnte. Dadurch bekomme ich ein Stück ihrer Umgebung mit. Und ich sehe Elisabeth (Katharinas Mutter).» Max spürt offensichtlich, daß er diesen Weg zu Katharinas Zuhause braucht, um sich auf Katharina einzustellen. Direkte Eindrücke und Hinweise dort zeigen ihm, wo sich Katharina im Augenblick des Übergangs befindet. Hat sie sich vielleicht gerade mit der Mutter gestritten? Hat sie sehr intensiv mit ihrer Freundin gespielt, und muß sie dieses Spiel jetzt abbrechen? Oder saß sie vor einer Matheaufgabe, die sie noch nicht gelöst hat? Wie ist Katharinas Stimmung und diejenige ihrer Umgebung in diesem Moment?

Dieses Abholen und Zurückbringen ist für Vater und Tochter zu einem wichtigen Ritual geworden. Es ist deutlich, daß diese sanften Übergänge hilfreich sind für beide Seiten. Max kann sich so innerlich auf Katharina einstellen, und für Katharina ist wichtig, daß sie nicht abrupt aus ihrer Umgebung herausgerissen wird. Beim Zurückbringen nach dem Wochenende bei Max ist es ähnlich. Diese sensiblen Prozesse – obschon längst zur Selbstverständlichkeit geworden – sind offensichtlich keine Routine und dürfen es auch nicht werden.

Vaters Bereich erleben

«Mir ist wichtig, daß ich mit Katharina bestimmte Bereiche habe, die nur uns gehören, in die die Mutter nicht hineinkommt. Da ist einmal das Reiten. Dann sind wir, bis Katharina etwa zwölf Jahre alt war, freitags immer in die Sauna und zum Schwimmen gegangen und haben dort meist meine Freunde getroffen. Wir haben gemeinsam Bilder gemalt. Und als Katharina sich ein Klavier gewünscht hat, habe ich es ihr geschenkt. Es steht bei ihr zu Hause in ihrem Zimmer. Es soll nur für sie sein. Ich hätte nicht gewollt, daß das Klavier etwa im gemeinsamen Wohnzimmer der neuen Familie steht.»

Aus der Beschreibung wird deutlich, daß der von seiner Tochter getrennt lebende Max einen eigenen, anderen Bereich für seine Tochter aufgebaut hat, der seine Handschrift trägt und der manchmal vor der Mutter von Katharina auch geschützt werden mußte. «Es gibt Qualitäten, die es nur bei mir gibt», erwähnt er schmunzelnd. Er grenzt sich auch klar ab von einer bestimmten Art von Wochenendgestaltung: «Ich halte nichts von den Besuchsvätern, die ihren Kindern Leckerbissen vorsetzen. Ich habe meine Hochs und Tiefs auch am Wochenende, nicht nur an den Arbeitstagen. Die Erziehungsmaßnahmen, die man seinem Kind mitgeben möchte, finden auch am Wochenende statt. Ich kann ihr nicht alles erlauben – das sind nicht die ‹Super›-Wochenenden.»

Nach Max' Erfahrungen darf das gemeinsame Wochenende von Vater und Kind keine Ausnahmesituation darstellen. Kinder, die zwischen zwei Elternteilen pendeln, brauchen keinen «Supervater», sondern einen Vater mit einem deutlichen eigenen Profil. Die Abgrenzung zur Mutter scheint wichtig, damit kein Machtkampf zwischen den Eltern darüber entstehen kann, wer denn nun der bessere Vater oder die bessere Mutter sei. Sehr schnell gerät das

Kind zwischen die getrennt lebenden Eltern, wenn diese vergleichen oder sich in die Bereiche des anderen Elternteils einmischen. Die Folge ist, daß die eigene Person und/oder der andere Elternteil entwertet wird. «Konfliktstoff ist immer da, wo eine Abwertung passiert», sagt Max.

Zu Hause sein

«Das Zuhause ist, wo Elisabeth, Katharinas Mutter, lebt, nämlich in der Friedrichstraße. Für Katharinas Entwicklung ist wichtig, daß das für sie klar ist. Aber Katharina weiß auch, wo bei mir der Schlüssel liegt.»

Max und Elisabeth haben also entschieden, daß Katharina vorwiegend an *einem* Ort lebt, nämlich bei ihrer Mutter. Die «Wohnorte» von Katharina sind zeitlich nicht gleichmäßig aufgeteilt. Max ist überzeugt, daß dies für seine Tochter besser ist. Seine Wohnung hat jedoch eine wichtige komplementäre Funktion für Katharina: «Da ist noch jemand, zu dem ich jederzeit hingehen kann, denn ich komme an den Wohnungsschlüssel!»

Hinweise für den Vater:
Dem Kind ein Zuhause schaffen

Das Kind sollte bei seinem Vater – wenn möglich – einen eigenen Raum haben, möglichst ein eigenes Zimmer, jedenfalls einen Platz, wo es seine Spielsachen und persönlichen Gegenstände aufbewahren und auch in seinem eigenen Bett schlafen kann. Ein eigener Bereich inmitten einer eher fremden und ungewohnten Umgebung bietet dem Kind Schutz und Geborgenheit.

Der Vater kann zum Wohlfühlen und «Zuhausefühlen» seines Kindes viel beitragen, wenn er Gleichaltrige in der nächsten Umgebung ausfindig macht, die dem Kind zu Spielkameraden, ja vielleicht sogar zu Freunden werden.

Auch hier gilt, daß Beziehungsangebote im besonderen dafür geeignet sind, Fremdheit abzubauen und Sicherheit und Geborgenheit zu gewährleisten.

Loslassen können

Getrennt lebende Eltern praktizieren unterschiedliche Regelungen darüber, wie oft, wie lange und zu welchen Zeiten jeder Elternteil mit seinem Kind zusammen ist. Leider gibt es bis heute kaum Forschungsarbeiten, die uns lehren könnten, wann und in welchen Lebensrhythmen sich Kinder getrennt lebender Eltern am besten entwickeln (Napp-Peters 1988, S. 45 ff.). Ist es wichtig, daß Kinder einen Lebensmittelpunkt haben und beim anderen Elternteil nur zeitweise leben, oder kann ein Kind an beiden Elternstandorten gleich intensiv zu Hause sein? Sobald die Kinder in der Schule eingebunden sind, bleibt häufig nicht mehr soviel Zeit, um zum anderen Elternteil zu gehen, vor allem wenn er nicht in Schulnähe wohnt. Trotzdem: Wir vermuten, daß der getrennt lebende Elternteil, der sein Kind ebenso lange wie der andere Elternteil sehen möchte, vor allem seine eigenen Bedürfnisse stark in den Mittelpunkt stellt und weniger auf die Bedürfnisse des Kindes Rücksicht nimmt. Der Elternteil, der anderswo lebt, hat bei der Trennung und in der Zeit danach die große Aufgabe, sich ein Stück von seinen Kindern zu lösen. Max' Haltung dazu ist eindeutig. Wenn er in dieser Lage trotzdem von «gemischten Gefühlen» spricht, dann drückt er offen aus, daß es nicht leicht ist, eine bestehende intensive Beziehung einzuschränken und Katharina immer wieder loszulassen.

Genug Vater?

Reicht eine so kurze Zeit des Zusammenlebens am Wochenende aus, um sich aufeinander einzulassen, um die Vaterrolle zu gestalten und eine Vateridentität auszubilden?
Max bejaht diese Frage. «Dieses Arrangement bietet genügend Möglichkeiten, die Beziehung zwischen Vater und
Tochter aufzubauen. Es ist auch eine Lösung, die Spiel-
raum bietet. Inzwischen telefonieren wir unter der Woche
und sehen uns auch mal spontan. Katharina sagt mir: ‹Mit
dem Johannes (Stiefvater) mache ich auch nicht viel mehr,
und meine Freundinnen sind in der Summe auch nicht länger mit ihren Vätern zusammen.›» Dies scheint also eine
Regelung zu sein, die beides enthält: Kontinuität in der Beziehung: jedes Wochenende, mit wenigen Ausnahmen, ist
Vater und Tochter gewidmet; aber auch Flexibilität: den
Sonntag und die darauf folgenden Wochentage hat Max zu
seiner eigenen Verfügung. Max gesteht, daß diese Wochenenden, je nach Stimmung, für ihn manchmal schon
auch Pflicht bedeuten. Aber er wollte dies so. «Ich habe es
mir als Vaterpflicht auferlegt. Ich wollte ein Vatersein entwickeln. Innere Verbundenheit und meine Verantwortung
für Katharina bilden die Grundlagen.»

Kooperation

Was empfindet Max als hilfreich in diesem Prozeß, Vater
für Katharina zu sein und zu bleiben? «Wir (die Eltern) haben versucht, es so hinzubekommen, daß wir uns kon-
struktiv verhalten, solange Katharina dabei ist. Katharina
hat natürlich die Spannungen zwischen uns mitbekommen,
aber auch die Versöhnung. Wir wollten nicht, daß sie zwischen zwei Orten hin und her gerissen wird.»

Wie schaffen es zwei Menschen, als Eltern gut miteinander umzugehen, während die gleichen Menschen in ihrer

---

Paarbeziehung noch Enttäuschung, Wut und vielleicht auch Haß aufeinander empfinden?«Diese Unterscheidung – das ist jetzt das Paar, und das andere ist die Elternebene, und Katharina ist unsere gemeinsame Tochter – gelingt nur, wenn man am Trennungsprozeß arbeitet. Wir haben einige Paargespräche gemacht. Wir haben uns auch Briefe geschrieben, weil wir wußten, daß wir uns beim Gespräch schnell in die Haare kriegen. Es ging darum, Gefühle äußern zu können, ohne daß der andere gleich darauf reagiert. Ich schreibe auch Tagebuch. Da gab es schon mal Dinge, die ich aufgeschrieben, aber nicht abgeschickt habe. Es mußte erst mal raus. Dann habe ich auch an Briefen gefeilt. Mit der Zeit erst begreift man, was der andere aushalten kann und wo die Grenzen der Belastbarkeit beim Partner liegen. Ich habe selbst eine Therapie gemacht und viel mit Freunden gesprochen.»

Max nennt eine Grundvoraussetzung dafür, daß Katharina mit ihren beiden getrennten Eltern aufwachsen kann: die Verarbeitung der Trennung. Das Paar hat sich nicht gescheut, Hilfe anzunehmen. Max macht deutlich, daß dies vor allem Arbeit an sich selbst bedeutet. Das Sprichwort, daß die Zeit alle Wunden heilt, ist in der Situation von getrennt lebenden Eltern wenig hilfreich. Sie können nicht abwarten und darauf hoffen, daß sich die Wogen der Gefühle allmählich glätten und der Ärger nachläßt. Die gemeinsamen Kinder bringen sie von Anfang an immer wieder in Kontakt zueinander, der wiederum Anlaß zu Auseinandersetzungen bietet. Ein konstruktiver Umgang miteinander ist für die Entwicklung der Kinder unerläßlich.

Ausgrenzung des Vaters

Max beschreibt Situationen, in denen er sich als allein leben-
der Vater benachteiligt fühlt: «Die Schule nimmt die beiden
Elternhäuser von Katharina nicht wahr. Im Regelfall leben ja
Vater, Mutter und Kind im gleichen Haushalt. Die Post
kommt auch dorthin. Ich bekomme keine Informationen. Ich
erlebe, daß häufig nur Elisabeth angesprochen wird. Ich bin
nicht sichtbar, nicht greifbar.»

Max' Beispiel läßt fragen, ob die Schulen wie auch die
übrige Öffentlichkeit überhaupt wahrnehmen, daß sich
andere Familienformen gebildet haben und daß sie anders
darauf eingehen müssen? Ist die Schule daran interessiert,
beide Eltern an ihrer Arbeit zu beteiligen? Welches sind die
Gründe, nur einen Elternteil einzubeziehen, zum Beispiel
bei auftretenden Problemen oder auch bei Schulfesten und
Informationsveranstaltungen? Ist es Folge von Bequem-
lichkeit oder Überlastung, wenn Lehrkräfte oder Schullei-
tungen nicht nach der Adresse des anderen Elternteils fragen, obwohl sie wissen, daß die Eltern getrennt leben?
Könnte es sein, daß in der breiten Öffentlichkeit das Bild
der Kernfamilie weiterhin das Handeln und die Entscheidung bestimmt und daß auf diese Weise wichtige Bezugspersonen ausgeschlossen werden?

Max vermerkt anerkennend, daß Elisabeth viel dazu
beigetragen habe, daß er mehr einbezogen wurde. «Ich
habe auch zu Katharina gesagt, daß ich informiert werden
möchte und dieses oder jenes wissen will. Dies bedeutet
für jeden ein bißchen Arbeit, um öffentlich dazu zu stehen. Katharina hat *eine* Adresse, aber *zwei* Telefonnummern.»

Max erlebte vor einiger Zeit, wie hartnäckig sich auch in
seiner eigenen Verwandtschaft überkommene Familienbilder halten. Katharinas Tante fragte sie: «Wie nennst du
den neuen Mann deiner Mutter? Sagst du ‹Vater› zu ihm?»

Katharina habe ganz klar und selbstverständlich geantwortet: «Ich sag Johannes.» Max beschreibt, wie zornig er war und daß er die Situation sofort und unmißverständlich klargestellt habe, daß *er* und *nur er* der Vater von Katharina sei.

Selbstbewußt Teilzeitvater sein

Manche Väter wissen nicht, wie sie an die Bedürfnisse ihrer Kinder anknüpfen können und bringen ihre Kinder manchmal zu den Großeltern, die dann das Enkelkind versorgen. Andere Väter verausgaben sich an solchen Wo-

Alles stief: Vater, Mutter, Kind ...

chenenden völlig. Sie passen ihren Alltagsrhythmus demjenigen der Kinder an, verzichten auf ihre eigenen Bedürfnisse und stellen sich nur auf das Kind und seine Interessen ein. Solche Begegnungen zwischen Vater und Kind werden für beide Seiten eine große Belastung und können auf die Dauer nicht gutgehen.

Das Kind, das unter zwei Dächern lebt, braucht keinen «Sonntagsvater», sondern einen zuverlässigen Begleiter, Erzieher und Freund. Der Vater, der nicht Tag und Nacht mit seinem Kind verbringt, ist weniger in die alltägliche Geschichte des Kindes eingebunden. Daraus ergibt sich die Chance, ganz anders auf sein Kind einzugehen als der Elternteil, mit dem das Kind die meiste Zeit zusammenlebt. Er kann sich mehr Zeit nehmen, das Kind erzählen zu lassen. Damit ist für ihn häufig ein langer und mühsamer Lernprozeß verbunden, denn er kann sich nicht darauf verlassen, Vater zu sein, wie er es aus seiner eigenen Kindheit mit seinem Vater kennt. Er muß sich mit seinem Vaterbild, seinem Selbstverständnis als Vater bewußt auseinandersetzen. Ein Vater, der seine Aufgabe darin sieht, Grenzen zu setzen, und der Regelungen häufig ohne Absprache mit seinem Kind trifft, wird hier kaum erfolgreich sein können. Notwendig ist eine partnerschaftliche Beziehung zwischen Vater und Kind, ein Vater, der sich dem Kind zur Verfügung stellt und aus dieser personalen Beziehung heraus selbst reich beschenkt wird.

Wer bin ich?

Max beschreibt, wie sich seine Position verändert hat, als Elisabeth eine neue Beziehung einging und Johannes heiratete. «Es passiert eine neue Gewichtung. Dort wird wieder eine vollständige Familie, die wieder ganz ‹heil› ist.» Er selbst hat bisher keine neue Lebenspartnerin gefunden und wünscht sich sehr, wieder eine Familie zu haben. «Und dann sehe ich die Familie von Elisabeth, diese ‹heile› Familie ...» Max fühlt sich offensichtlich im Nachteil, wenn er Elisabeths Familie trifft, und seine Betroffenheit ist spürbar. Als Katharinas Vater erlebt er einerseits einen «Zugewinn an persönlichem Lebensreichtum», aber andererseits fühlt er sich gesellschaftlich als Vater mit Kind in einer isolierten Position: «Von meiner Wohnsituation her bin ich ein Single, aber als Vater passe ich nicht zu dieser Gruppe der Singles.» Max fühlt sich offensichtlich «außerhalb». Er spricht selbst von sich als dem außerhalb lebenden Elternteil. Dazu kommt, daß in der Öffentlichkeit, wie zum Beispiel in der Schule, sein Beitrag als Vater nicht wahrgenommen und nicht angefragt wird. Es ist offensichtlich schwer, als getrennt lebender Vater einen von der Gesellschaft wertgeschätzten Platz zu finden.

Die getrennt lebende Mutter

«In meiner Verzweiflung darüber, daß die Streitereien zwischen mir und Holger, Timos Vater, nach unserer Trennung nicht aufhörten, entschied ich mich ohne Absprache mit Holger, mit Timo aus der Kleinstadt, in der wir wohnten, in die 300 km entfernte Großstadt zu ziehen. Da lebe ich auch jetzt noch, ohne Timo. Ich wollte Holger seinen Sohn nicht wegnehmen, aber ich fühlte mich so entsetzlich ohnmächtig in dieser zerstrittenen Elternbeziehung, daß ich keinen anderen Ausweg mehr sah als eine Art von Flucht – weit, weit weg von Holger. Die Geschichte ging so aus, daß Holger uns aufspürte, Timo zu sich holte und daraufhin vor Gericht das alleinige Sorgerecht für sich erstritt. Der nicht abgesprochene Umzug wurde mir als ‹Kindesentführung› ausgelegt.»

Heute wie damals ist Christa verzweifelt und traurig. Das

DIE GUTE MUTTER

Irgendetwas lastet ganz furchtbar auf mir.

Verhältnis zu Holger ist noch schlechter geworden. Sie sieht Timo alle vier Wochen am Wochenende und ein paar Tage in den Ferien. Christa denkt schlecht über sich und weiß, daß viele Freunde, Verwandte und Bekannte von ihr dies ebenfalls tun. Wieder in der Nähe zu wohnen und Timo öfter zu sehen, wäre zwar schön, doch sie kann sich nicht vorstellen, in die alte Umgebung zurückzuziehen. Sie hat Angst davor, daß man sie am alten Wohnort Mißachtung, ja Verurteilung spüren lassen würde. Sie glaubt, daß sie das nicht ertragen könnte.

Diese getrennt lebende Mutter hat fast keinen Kontakt mehr zu ihrem Kind. In einer solchen Scheidungssituation gibt es vielleicht einen Gewinner, sicher aber *zwei* Verlierer. Die Verlierer sind die getrennt lebende Mutter und der kleine siebenjährige Timo. Die Mutter-Kind-Beziehung ist durch eine so vollzogene Trennung besonders stark belastet. Die Mutter fühlt sich als «schlechte Mutter», weil sie, ohne dies bedacht zu haben, ihr Kind in diesen Streit mit hineingezogen hat. Sie empfindet sich aber auch schlecht behandelt und ist tief gekränkt. Für Timo ist es besonders schwer, bei den zerstrittenen Eltern die Sicherheit zu haben, beide lieben und zu beiden gehören zu dürfen.

Rabenmütter?

In unserer Gesellschaft besteht die klare Vorstellung, daß Mütter zu ihren Kindern gehören. Auch ihr Selbstverständnis verbietet es ihnen, vorzuschlagen, daß die Kinder die meiste Zeit bei ihrem Vater leben und nicht bei ihr. Wenn sich Mütter für die Berufstätigkeit entscheiden und die Kinder beim Vater lassen, müssen sie befürchten, als «Rabenmutter» abgestempelt zu werden. Ihnen bleibt häufig keine Wahl.

Christiane ist eine alleinerziehende Mutter von zwei Kindern. Sie wird von Ängsten und Depressionen geplagt und sucht deswegen eine Beratungsstelle auf. Auf Nachfrage erzählt sie, daß sie zum Zeitpunkt der Trennung ihre Doktorarbeit abgeschlossen hatte mit der Aussicht, als Professorin berufen zu werden. Als die Frage anstand, wer die meiste Zeit mit den Kindern leben würde, sei ihr geschiedener Mann nicht bereit gewesen, die Kinder zu übernehmen. «Ich hatte ihn aber auch nicht gedrängt. Mir war klar: Zuerst kommen die Kinder und erst danach ich und mein Beruf. Ich hätte eine andere Entscheidung weder vor mir noch vor meinen Eltern oder Freundinnen rechtfertigen können.» – Auf die Frage, ob sie diese Entscheidung jemals in Frage gestellt habe, antwortet sie: «Nein, etwas anderes gibt es nicht!» Dann bricht sie in ein lautes Schluchzen aus.

Da auch Familienrichterinnen und Familienrichter die

Hauptversorgung bisher fast immer bei den Müttern sahen und deshalb bis vor kurzem in über 90 Prozent der Fälle den Lebensmittelpunkt für die Kinder der Mutter zuteilten, gibt es nur wenige getrennt lebende Eltern, wo hauptsächlich der Vater die Kinder versorgt und diese ihre Mutter nur zu bestimmten festgelegten Zeiten sehen. Das neue Kindschaftsrecht von 1998 versucht, dies zu verändern.

Schuldgefühle bleiben

Es gibt heute jedoch auch Situationen, in denen Frauen entscheiden, nach der Trennung die Kinder beim Vater zu lassen. Diese Frauen stellen den «Muttermythos» in Frage und bringen bei der Trennung auch ihr Bedürfnis nach einem selbstbestimmten Leben als Frau mit ein. Es ist zu vermuten, daß auch bei den Vätern allmählich ein Bewußtseinswandel stattfindet und sie häufiger bereit sind, Verantwortung für die gemeinsamen Kinder zu übernehmen und sich an ihrer Versorgung aktiv zu beteiligen.

Dies ist bei Lisa der Fall. Sie unterhält eine gutgehende Zahnarztpraxis, die sie von morgens 7.30 Uhr bis abends um 18.00 Uhr in Anspruch nimmt. Ihr Mann Fritz ist Lehrer. Als sie sich trennten, einigten sie sich darauf, daß Nino und Simon die meiste Zeit bei ihrem Vater leben, da er aufgrund seiner beruflichen Situation flexiblere Arbeitszeiten hat. Um die Ecke wohnt die Oma der Kinder, die sie mittags versorgt und auch sonst einspringt, wenn es notwendig ist.

Lisa schildert Situationen in der Praxis, wenn Mütter mit ihren Kindern zur Zahnbehandlung kommen:

«In mir zieht sich alles zusammen: Ich sehe die Kinder, die während der Behandlung ihre kleinen Händchen ganz stark in diejenige ihrer Mütter pressen und so meinen Eingriff besser verkraften. Und wenn es dann doch vielleicht etwas weh tat, wischt ihnen die Mutter die Tränen aus dem Gesicht, nimmt sie in die Arme und tröstet sie. Und dann denke ich: Wer tröstet Simon, wenn er wieder einmal gestürzt ist und mit

einem blutenden Knie nach Hause kommt? Natürlich werden
meine Kinder von ihrem Vater getröstet, wenn ich nicht da bin,
aber vielleicht fehle ich ihnen doch in solchen Situationen. – Ich
muß dann oft ganz schnell eine Ecke in meiner Praxis suchen,
wo ich allein sein kann, und heule einfach los. Ich liebe meinen
Beruf, aber ich merke doch oft, daß der Preis dafür hoch ist.»

Mütter, die ihre Kinder nur zu festgelegten Zeiten sehen, haben es nicht nur mit den Fragen, Aufgaben und Problemen eines allein lebenden Elternteils zu tun, wie wir dies bei Katharinas Vater Max sehen. Für sie kommen häufig Selbstzweifel und Schuldgefühle hinzu: «Was habe ich meinen Kindern angetan? Habe ich mich bei der Entscheidung, daß hauptsächlich der Vater die Kinder versorgt, vielleicht doch nicht richtig verhalten? Was werden die Kinder über mich denken, wenn sie älter sind?» Zudem finden diese Mütter in ihrem Verwandten- und Bekanntenkreis für ihre Art der Lebensgestaltung meist wenig Verständnis oder gar Anerkennung. Kritik kommt also sowohl von außen, aus ihrem Umfeld, als auch aus ihnen selbst.

Viele Mütter fühlen sich verantwortlich für das Scheitern ihrer Ehe und machen sich Sorgen um die weitere Entwicklung der Kinder. Eine tiefe Unsicherheit und sogar Depressionen können den Lebensalltag dieser Mütter prägen. Dies kann trotz aller Wiedersehensfreude die gemeinsame Zeit mit den Kindern an Wochenenden und/oder im Urlaub belasten. Sollten diese Gefühle von Selbstzweifel und Selbstkritik im Laufe der Zeit zunehmen, dann sollten sich diese Mütter nicht scheuen, professionelle Hilfe in Anspruch zu nehmen. Es kann eine entscheidende Wende bringen, die getroffenen Entscheidungen, vielleicht sogar gemeinsam mit dem Vater der Kinder, mit einer außenstehenden, fachlich qualifizierten Person nochmals zu überdenken und zu prüfen. Eine solche Auseinandersetzung entkrampft das Zusammensein mit den Kindern und führt zu neuen Lebensperspektiven.

Bedrohung durch die Stiefmutter

Als kürzlich die Kinder ihre Mutter Lisa am Wochenende be-
suchen, bringt Nino ein neues Spielzeug mit. Simon packt
abends einen bunten Schlafanzug aus seinem Ranzen, den
Lisa noch nicht kennt. «Von der neuen Frau», sagen die beiden
etwas verlegen und geheimnisvoll und erzählen, daß der Vater
eine neue Freundin hat, die bald in die gemeinsame Wohnung
einziehen wird. Lisa spürt, wie sich alles in ihr zusammen-
zieht und ihr Atem schneller geht. «Mußte das sein?» denkt
Lisa und gerät ins Grübeln. – «Was geschieht nun mit den
Kindern und mit mir?»

Wenn der Vater der Kinder eine neue Beziehung zu einer
Frau eingeht und diese als Stiefmutter in das Leben der
Kinder tritt, empfindet das die Mutter häufig als starke Be-
drohung. Sie befürchtet, daß ihre Kinder und deren Umfeld nun die neue Frau als die bessere und die «wahre»
Mutter betrachten und daß sie als leibliche Mutter abge-
löst und verlassen wird. So kann es geschehen, daß – wie
auch bei Vater und Stiefvater – die beiden Frauen in eine
offene oder verdeckte Konkurrenz zueinander treten – mit
entsprechenden Auswirkungen auf die Kinder. Dabei stehen beide Frauen in einer ähnlich schwierigen Situation:
Die leibliche Mutter kann nicht mehr in vollem Umfang
Mutter sein, da sie aufgrund der räumlichen Distanz einige
ihrer Funktionen an den Vater der Kinder abgegeben hat
oder abgeben mußte. Die Stiefmutter, die neu in die Familie kommt, steht möglicherweise in der Versuchung, Mutter für die Kinder sein zu wollen, und macht dabei die
schmerzliche Erfahrung, daß dies nicht möglich ist. Sie
kommt als fremde Person in den neuen Lebensverbund
und ist durch eine innere Distanz von diesen Kindern getrennt. Wenn offen darüber gesprochen werden kann, ist
es vielleicht möglich, daß sich Mutter und Stiefmutter aufeinander zubewegen.

Hinweise für die getrennt lebende Mutter

▶ Lösen Sie sich von der Zuschreibung der «schlechten Mutter» und weisen Sie solche Bilder auch anderen gegenüber zurück.

▶ Lassen Sie sich von Ihren negativen Gefühlen nicht lähmen. Nehmen Sie andere Mütter wahr, die in der gleichen Situation leben. Scheuen Sie sich auch nicht, professionelle Hilfe in Anspruch zu nehmen.

▶ Aktivitäten, Hobbys und Kontakte mit anderen geben Ihrer Beziehung eine Qualität, die dem Kontakt mit Ihren Kindern zugute kommt.

▶ Halten und pflegen Sie die Beziehung zu Ihren Kindern. Ihre Erfahrungen helfen mit bei der Entwicklung eines neuen Elterntypus und der Veränderung der traditionellen Frauenrolle.

Die Stiefmutter

Anita sitzt in einem Kreis mit zehn anderen Frauen, die alle eines gemeinsam haben: Sie sind Stiefmütter und treffen sich einmal im Monat in einer Stiefmütter-Selbsthilfegruppe. Anita, die heute zum zweiten Mal dabei ist, erzählt von ihrer Situation:

«Ich lebe seit einem Jahr mit Ralf und seinem neunjährigen Sohn Felix zusammen. Ralf hat sehr dafür gekämpft, daß Felix bei uns aufwachsen kann. Nach zähen gerichtlichen Verhandlungen hat er das Sorgerecht für seinen Sohn bekommen. Felix besucht seine Mutter einmal im Monat über das Wochenende. Seit einigen Wochen streiten Ralf und ich uns nur

noch, und zwar über Felix. *Seine schulischen Leistungen haben stark nachgelassen, so daß seine Versetzung im Herbst gefährdet scheint. Ich setze mich jeden Nachmittag mit ihm hin und helfe ihm bei seinen Hausaufgaben. Wenn ich nicht so an ihm dranbleiben würde, wäre alles noch viel schlimmer. Felix würde ohne mein Dazutun keinen Streich tun. Für meinen Einsatz ernte ich jedoch bei Ralf nur Unverständnis. Er sei auch kein guter Schüler gewesen, und trotzdem sei etwas aus ihm geworden. Als ich kürzlich wieder mit Felix an seinen Schulaufgaben herumgeackert habe, schnauzte er mich an: ‹Du hast mir überhaupt nichts zu sagen – ich hau ab zu meiner richtigen Mama!› Das saß! Ich hätte dem Kerl am liebsten gesagt: ‹Dann geh doch!› Aber dies wäre der Anfang vom Ende meiner Beziehung mit Ralf gewesen, und das will ich auf keinen Fall. Was soll ich denn machen in meiner Situation?»*

Stiefmütter ohne eigene Kinder

Stiefmütter wie Anita orientieren sich häufig am vertrauten Bild der Mutter, die ihre Kinder liebt und alles für sie tut. Ja, sie stellen sich unter den Anspruch, eine besonders gute Mutter zu sein, um alles, was in der Vergangenheit schiefgelaufen ist, auszugleichen und wiedergutzumachen. Häufig lädt ihr Partner sie ausdrücklich dazu ein, die abwesende Mutter zu ersetzen und die Versorgung und die erzieherische Verantwortung für seine Kinder zu übernehmen, da er tagsüber meist aus beruflichen Gründen abwesend ist. Ralf zum Beispiel hat das Sorgerecht für Felix nur unter der Voraussetzung erhalten, daß Anita ihre Anstellung als technische Angestellte reduziert, um nachmittags für Felix dasein zu können.

«Die böse Stiefmutter»

«Ich merke, daß es mir nicht gleichgültig ist, was die Leute um mich herum von mir denken. Ich fühle mich unter einem unheimlichen Druck, eine gute Stiefmutter zu sein und für Felix alles mir Mögliche zu tun. Als ich kürzlich in der Straßenbahn fuhr, habe ich ein Gespräch zweier Frauen mit angehört, die sich über eine Stiefmutter unterhalten haben. Eine der beiden hat ziemlich verächtlich darüber gesprochen, daß diese Frau ja ‹nur› die Stiefmutter sei. Ich fühlte mich sofort innerlich angegriffen und habe mich gefragt: Bin ich denn weniger wert als eine Mutter? Dann mutmaßten die beiden Frauen weiter, ob es den Kindern in dieser Familie wohl gutgehe: Den Kindern müsse doch die Mutter fehlen.»

Wer kennt nicht die Märchen von der bösen Stiefmutter in «Schneewittchen», «Hänsel und Gretel» oder «Aschenputtel» (s. a. S. 13 ff.)? Das Bild von der bösen Frau, die ihre Stiefkinder vernachlässigt, ja tötet, hält sich hartnäckig bis in unsere Tage. Auch Anita wurde beim Zuhören damit konfrontiert.

Solche Bilder machen es Anita und anderen betroffenen Stiefmüttern schwer, eine positive Identität in der neuen Rolle zu entwickeln.

Zu diesen Bildern der «guten» Mutter und der «bösen» Stiefmutter kommt erschwerend hinzu, daß Stiefkinder ihre Stiefmutter oft, wenigstens anfänglich, mehr oder weniger bewußt ablehnen. Kinder wünschen sich ihre leibliche Mutter in die Familie zurück und erleben sich oft innerlich im Widerstand gegen die ihnen vom Vater «vorgesetzte» Frau. Dieser Widerstand gründet in einem Loyalitätsdilemma der Kinder. Es käme ihnen wie Verrat vor, wenn sie die Stiefmutter akzeptierten. Gelegentlich sprechen Kinder diesen Widerstand auch aus – wie Felix: «Du hast mir nichts zu sagen – du bist nicht meine Mutter.» Es kann für die Stiefmutter sehr schmerzlich sein zu erleben,

wie dadurch die eigenen Handlungsmöglichkeiten einge-
schränkt werden. Dazu kommt, daß Stiefmütter meist einer
starken Vater-Kind-Beziehung begegnen, die ja gegenüber
der neuen Partnerschaft zeitlich immer einen Vorsprung
behält. So fühlt sich die Stiefmutter häufig als außenste-
hende Dritte in der Familie und als Zweite in der Partnerschaft.

Vorsicht, Falle!
Nicht die Mutterrolle übernehmen

Die Übernahme der Mutterrolle wird also zur «Falle».
Ähnlich wie beim Stiefvater widersetzen sich die Kinder
dieser oft unbedachten Rollenübernahme durch die Stiefmutter (s. a. S. 93 ff.). Sie erleben die Zuwendung der Stiefmutter, ihre Fürsorglichkeit und ihr Überengagement nicht
als Liebe, sondern fühlen sich bedrängt; denn Liebe ist
nicht herzustellen oder gar einzufordern. So kommt es zu

einer unheilvollen Handlungsabfolge, zu einem Teufelskreis:

1. *Bemühen der Stiefmutter:* Anita tut alles, damit sich insbesondere Felix' Schulleistungen verbessern;
2. *Ablehnung von seiten des Stiefkindes:* «Du hast mir nichts
   zu sagen!» sagt Felix;
3. *Schuldgefühle der Stiefmutter:* Anita steht unter dem Eindruck, alles falsch zu machen;
4. *Vorwürfe gegenüber den Stiefkindern:* Anita wirft Felix
   vor, er sei faul und beklagt sich darüber, daß sie dau-
   ernd hinter ihm hersein muß;
5. *Kritik des Partners:* Ralf verbündet sich offen mit Felix
   und kritisiert die Bemühungen von Anita;
6. *Ausschluß der Stiefmutter aus wichtigen Beziehungen und
   schließlich aus der Stieffamilie:* Anita ist sich offensichtlich der Gefahr bewußt, in der Familie immer mehr an
   den Rand gedrängt zu werden und Ralf wie auch Felix
   zu verlieren. In dieser Situation scheint jede Äußerung
   des Stiefkindes wie auch des Partners das Vorurteil von
   der bösen Stiefmutter zu bestätigen, das sie doch wider-
   legen wollte.

Stiefmütter mit eigenen Kindern

«Du hast wenigstens kein eigenes Kind im Rücken, das
dich eifersüchtig beobachtet», sagt Simone zu einer anderen Stiefmutter in der Selbsthilfegruppe. «Du kannst dich
ganz auf deine neue Aufgabe als Stiefmutter konzentrieren.
Aber ich weiß manchmal nicht, wie ich mich in diesem
komplizierten Zusammenspiel verhalten soll.» – Simone
lebt mit ihrer Tochter Rose (9), ihrem neuen Partner Manfred (45) und seiner Tochter Sabrina (11) zusammen. – Simone erzählt:
«Die beiden Mädchen sitzen vor dem Fernseher, und ich

habe den Eindruck, daß es damit jetzt genug ist. Rose kann ich ohne weiteres sagen: ‹Hör mal, es reicht jetzt!› Aber bei Sabrina darf ich das nicht tun! Ich muß sie höflich bitten, etwa: ‹Sabrina, könntest du jetzt auch Schluß machen?› Tue ich es nicht, habe ich sofort eine Bemerkung zu erwarten wie: ‹Da will ich erst den Papa fragen›, oder Manfred reagiert selbst und meint, ich sei Sabrina gegenüber zu hart. Mein Verhalten zu Sabrina bringt wiederum Rose auf die Palme, die sich von mir ungerecht behandelt fühlt, weil ich mit Sabrina vorsichtiger umgehe. Ich weiß oft nicht, wo mir der Kopf steht.»

Stiefmütter, die selbst Kinder in die neue Paarbeziehung mitbringen, blicken wie ihre Partner auf eine Vergangenheit mit Trennung, Scheidung oder Tod des Partners zurück. Beide haben bereits Erfahrung im Umgang mit Kindern und können sich besser einfühlen in das Vatersein des neuen Partners. Dies erleichtert es beiden Partnern, sich auf Probleme und Erfordernisse im Zusammenleben mit Kindern einzustellen. Sie sind also einerseits «Experten», andererseits aber auch «Anfänger» in einer Familienkonstellation, in der zwei ehemals voll funktionsfähige Teilfamilien mit ihren unterschiedlichen Lebensstilen, Normen und Regeln aufeinandertreffen. Diese Situation führt zu vielen Konflikten. Jeder Elternteil ist in dieser Stieffamilie häufig bereit, die eigenen Kinder gegenüber dem Stiefelternteil in Schutz zu nehmen, denn das Verständnis für deren Verhalten ist in der Zeit des Zusammenlebens gewachsen und für den jeweiligen Elternteil einsichtig. Der Stiefelternteil, hier die Stiefmutter, kann das Verhalten von Stiefkindern weitaus schlechter einschätzen, solange ihm die alltägliche Lebenserfahrung mit ihnen noch fehlt und die Gefühle zu ihnen erst langsam wachsen müssen. In solchen Stieffamilien ist es besonders wichtig, gemeinsame Regeln zu entwickeln.

Stiefmuttersein zu festgelegten Zeiten

Carola lebt seit einem Jahr mit Udo zusammen. Er hat eine sechsjährige Tochter, Maria, aus erster Ehe. Maria kommt alle 14 Tage übers Wochenende und verbringt einen Teil der Ferien mit Carola und ihrem Vater:

«Wenn Maria bei uns ist, gebe ich mir immer sehr viel Mühe, alles richtig zu machen. Ich koche ihr Lieblingsessen und möchte mit ihr bummeln gehen. Aber alles umsonst: Maria kapselt sich von mir ab. Sie möchte am liebsten nur mit ihrem Papa zusammen sein. Ich wollte immer eine gute Stiefmutter sein, aber inzwischen bin ich richtig ärgerlich auf dieses Mädchen und oft auch auf Udo, der mir sagt, ich müsse dies halt verstehen. Manchmal denke ich, am liebsten würde ich an den Wochenenden einfach verschwinden; das wäre beiden doch nur recht.»

Carola hat sich für eine Partnerschaft mit einem Mann, der bereits Kinder aus einer vorangegangenen Ehe hat, entschieden. Hilfreich wird von Anfang an für sie sein, wenn sie sich vergegenwärtigt, daß ihr Partner Kinder hat, die vor ihr da waren, Kinder, die er liebt und die bei ihm häufig an erster Stelle stehen. Der Partner braucht den Kontakt mit der Mutter der gemeinsamen Kinder, um sich mit ihr über die Erziehung, Termine und Ferienplanungen abzustimmen, d. h., Carola ist aus einem wichtigen Teil seines Lebens ausgeschlossen.

Vorsicht, Falle!
Die Beziehung zum Partner nicht mit dessen Liebe zu seinen Kindern vergleichen

Es wird Situationen geben, in denen Sie als Stiefmutter das Gefühl haben, daß Ihr Partner seine Kinder ihnen vorzieht. Dieses Gefühl kann zur Falle werden. Wie können Sie dem entgegenwirken? Erinnern Sie sich daran: Ich habe einen unverwechselbaren Platz in der Beziehung zu meinem Partner, und die Kinder haben einen anderen. In der Praxis heißt das, ein Stück verklärender Beziehungsromantik aufzugeben. Sie müssen akzeptieren, daß Sie mit Ihrem Partner keine traditionelle Partnerschaft eingegangen sind, sondern in eine Familie gekommen sind.

Hinweise für Stiefmütter

Stiefmüttern können folgende Einstellungen und Verhaltensweisen helfen, die neue Situation besser zu erfassen und sich darin wohler zu fühlen:

▶ Geben Sie sich und den anderen Familienmitgliedern viel Zeit, in die neue Lebenssituation hineinzuwachsen.
▶ Lassen Sie sich Zeit, wahrzunehmen, welche Gewohnheiten Ihre Stiefkinder haben, was sie gern und was sie ungern tun.
▶ In der Stieffamilie muß nicht sofort alles reibungslos funktionieren und gelingen.
▶ Sie dürfen alles Neue erst einmal langsam an sich herankommen lassen.
▶ Die Gefühle zu Ihren Stiefkindern dürfen sich langsam entwickeln.
▶ Sie dürfen intensivere Gefühle zu Ihren leiblichen Kindern haben.
▶ Sie können die Mutter der Stiefkinder nicht ersetzen. Sie sollen es auch nicht. Verlangen Sie nicht von Ihren Stiefkindern, daß sie Sie lieben.
▶ Ihre Gefühle zu den Stiefkindern können und dürfen «anders» sein als die des Vaters / der Mutter der Kinder. Sie sind trotzdem gut und richtig.
▶ Überlassen Sie die Erziehungsaufgaben dem Vater oder der Mutter der Stiefkinder.

- ▶ Suchen Sie Gemeinsamkeiten mit den Stiefkindern, und finden Sie durch gemeinsame Gespräche und Aktivitäten langsam Kontakt zu ihnen. Schließen Sie Erziehungsmaßnahmen dabei aus.
- ▶ Fühlen Sie sich nur für Ihren Anteil im familiären Zusammenleben verantwortlich. Sie sind nicht allein zuständig für eine zufriedenstellende Atmosphäre in der Familie.
- ▶ Unterstützen Sie die Ansicht, daß Vater und Mutter den wichtigsten Platz im Gefühl des Kindes haben.
- ▶ Behalten Sie Ihre Paarbeziehung im Blick. Sie und Ihr Partner sind die Eckpfeiler der Stieffamilie. Die Paarbeziehung braucht Sorgfalt und Pflege.
- ▶ Sprechen Sie mit anderen Frauen, die in der gleichen Situation sind wie Sie (Anschriften S. 167), suchen Sie eine Selbsthilfegruppe in Ihrer Nähe.
- ▶ Gönnen Sie sich Kontakte außerhalb der Familie, auch ohne Ihren Partner.
- ▶ Trotz aller Unwägbarkeiten in Ihrem Stiefmutterleben: Behalten Sie Humor!

Die rechtliche Situation

Sie ist wie diejenige von Stiefvätern gestaltet (s. S. 99 ff.).

Der Stiefvater

Wenn der neue Partner der Mutter zu ihr und ihren Kindern zieht, entsteht eine Stieffamilie. Nach außen mag es erscheinen, als wäre nun die Familie mit Mutter, Vater und Kindern wieder vollständig. Nach innen ist von Anfang an deutlich, daß hier kein Vater, auch kein Ersatzvater, eingezogen ist. Dies bekommt Florian deutlich zu spüren. Als ein noch relativ fremder Mann kommt er mit seiner eigenen Lebensgeschichte zu einem über Jahre eingespielten Team. Florian (48) lebt seit drei Jahren mit seiner neuen Partnerin Susanne (40) und deren Tochter Julia (15) zusammen. Seine beiden Söhne Mike (17) und Daniel (14) leben die meiste Zeit mit ihrer Mutter Corinna (45) zusammen und besuchen ihren Vater sporadisch. Schon bald nachdem Florian mit Susanne zusammenzog, gab es Probleme zwischen Florian und Julia. Die Auseinandersetzungen sind so weit eskaliert, daß Julia ausziehen will:

«Gegen deine Jungs bist du längst nicht so hart wie gegen Julia», wirft Susanne Florian vor, *«du magst Julia einfach nicht!»* − *«Das stimmt nicht»*, widerspricht Florian, *«frag doch den Daniel: Wie oft habe ich ihm gesagt, daß er mit seinen dreckigen Stiefeln nicht ins Haus darf. Er hört auf mich. Aber du läßt Julia alles durchgehen.»* Florian ist insbesondere darüber verärgert, daß Susanne Julia immer noch jeden Morgen mit dem Auto zur Schule fährt. *«Diese junge Dame ist doch alt genug, mit dem Fahrrad dorthin zu fahren»*, kritisiert er. − *«Genau, das ist es, du hast etwas gegen Julia»*, erwidert Susanne zornig. *«Wenn du dich* mir *gegenüber so verhalten würdest, wären wir schon längst geschiedene Leute!»*

Dennoch hat Florian es leichter als Stiefmütter. Denn: Die Rolle des Stiefvaters ist weniger vorbelastet als die der Stiefmutter (s. S. 82ff.). Der Stiefvater findet meist gesellschaftliche Anerkennung dafür, daß er eine Frau mit Kindern als Partnerin gewählt hat.

Susanne war mit dem Vater von Julia nicht verheiratet. Als sie Florian kennenlernte, fühlte sie sich schon bald von ihm entlastet und unterstützt: «Nun konnte ich mit jemandem über meine Sorgen als Frau und Mutter reden, und das Zusammenleben mit Florian und zu dritt brachte eine ganz neue Lebensqualität in mein Leben. Ich dachte: Jetzt sind wir komplett!»

Da Stiefväter wegen ihrer Berufstätigkeit und der daraus folgenden Abwesenheit tagsüber meist weniger Zeit mit der neuen Familie verbringen als Stiefmütter, entstehen im Zusammenleben von Stiefvater, Mutter und Stiefkindern häufig weniger konflikthafte Situationen. Sobald jedoch der Stiefvater Vaterfunktionen übernimmt, wie Florian dies versucht, entstehen für alle Beteiligten große Probleme.

Vorsicht Falle!
Der Stiefvater ist nicht der Vater

«Schon bevor wir zusammenzogen, war mir klar, daß ich Julia Grenzen setzen muß», sagt Florian zu Susanne. «Du bist ihr gegenüber viel zu nachsichtig. Sie kann alles von dir kriegen. Wenn sie bei uns alle ihre Wünsche durchsetzen kann, wird ihr später im Leben eine entscheidende Erfahrung fehlen. Man kann im Leben nicht alles haben, was man will.»

Wie Florian geht mancher Stiefvater von der Vorstellung aus, daß er die Erziehung der Stiefkinder zu übernehmen und ihnen Grenzen zu setzen habe. Solche Erwartungen können auch von seiten der Mutter kommen, die froh ist, einen Teil der Verantwortung an den Mann in der Familie abzugeben. Vielleicht hat sie in der Zeit der Einelternfamilie erlebt, daß die Kinder ihre Formen der Grenzziehung und Disziplinierung häufig unterwandert haben. Sie hofft nun, daß ihr neuer Partner mit Strenge mehr erreicht. Die Mutter hält Ausschau nach einem «starken Mann» und signalisiert dadurch, daß sie Hilfe braucht. Auch Susanne gibt zu, daß sie in der Vergangenheit Julia gegenüber zu nachsichtig war:

«Julia hatte es auch nicht leicht. Ihr Vater wollte nichts von ihr wissen, und sie mußte verkraften, daß ich, um unseren Lebensunterhalt bestreiten zu können, häufig abwesend war und daß sie oft bei Freunden und der Oma sein mußte oder auch allein war.»

Der neue Partner und Stiefvater kann sich als «Retter in der Not» fühlen, und im stillen hoffen beide Erwachsene, daß nun wieder eine Familie wie früher mit Vater, Mutter und Kindern entsteht.

Wenn der Stiefvater die Rolle des Vaters übernimmt
Eigene Vorstellungen des Stiefvaters und Erwartungen der Mutter «verführen» den Stiefvater dazu, in die Rolle eines

strengen Erziehers, ja in die des «besseren Vaters» zu schlüpfen. Untersuchungen haben gezeigt, was geschieht, wenn der Stiefvater die Rolle des leiblichen Vaters übernimmt (Krähenbühl 1995, S. 104). Auch im Zusammenleben von Florian, Susanne und Julia erleben wir eine typische Verhaltensabfolge, die Konflikte eskalieren läßt:

Der Stiefvater fühlt sich angesichts der Gesamtsituation dazu eingeladen, oder er wird von der Mutter ausdrücklich oder indirekt aufgefordert, die Rolle des «Supervaters» zu übernehmen. Bei Florian kommt hinzu, daß er selbst ohne Vater aufgewachsen ist. Dieser starb, als Florian fünf Monate alt war. So wollte er – gut gemeint für Julia, die ebenfalls ohne Vater aufgewachsen war – ein guter und starker Vater sein. Daß er zu seinen eigenen Kindern nur unregelmäßigen Kontakt hat, ist für Florian zusätzlich belastend. Manchmal denkt er: «Da wohne ich hier mit Susanne und Julia, die mich nicht mal für voll nimmt, und meine eigenen Söhne müssen auf mich verzichten.» Nach solchen Gedanken ist Florian oft ärgerlich und noch strenger mit Julia. Er hat von Anfang an ganz selbstverständlich die Rolle übernommen, Julia Grenzen zu setzen, wie er dies bei seinen eigenen Söhnen Mike und Daniel macht.

Die Stiefkinder lehnen dies ab, weil die gewachsene emotionale Basis für die Intervention des Stiefvaters fehlt und weil der Platz des Vaters besetzt ist. Im konkreten Fall lehnt Julia sich gegen die Erziehungsmaßnahmen von Florian auf. *Der Stiefvater steigert sein Bemühen, denn er möchte seiner neuen Partnerin zeigen, daß er sie unterstützen will. Die Kinder reagieren auf dieses gesteigerte Bemühen mit verstärktem Widerstand:* Julia zieht sich mehr und mehr aus der Familie zurück, was Susanne zusehends alarmiert.

Die Mutter spürt Mitleid mit den Kindern, die sich über das harte Vorgehen ihres Stiefvaters bei ihr beklagen. Sie kommt zu der Einschätzung, daß ihr Partner die Kinder tat-

*sächlich zu hart anfaßt, und schlägt sich zunächst innerlich,
bald auch offen, auf deren Seite und weist den Stiefvater zu-
recht.* Wie auch Susanne, die sich immer häufiger gegen die
Erziehungsmaßnahmen von Florian wehrt. Sie stellt sich
zwischen Florian und Julia und beschuldigt Florian offen,
Julia ungerecht zu behandeln und zu hart anzufassen. Ju-
lias Bemerkung dazu: «Siehst du, Florian! Es liegt alles nur
an dir!» *Der Stiefvater fühlt sich in seinem Bemühen ver-
kannt und allein gelassen. Trotzdem versucht er es nochmals,
um seiner Partnerin zu zeigen, wieviel ihm an der Beziehung
zu ihr liegt. Der Konflikt steigert sich, und bald ist dadurch
die Partnerschaft bedroht.* So erlebt Florian, daß sich Susanne und Julia ohne ihn in der Stadt treffen und zusammen Einkäufe machen. Abends sitzen sie häufiger in Su-
sannes Zimmer und plaudern. Florian fühlt sich dann
ausgeschlossen und allein. Susanne und Florian ist längst
deutlich, daß die Auseinandersetzung um Julia ihre Partnerbeziehung stark belastet und daß sie, wenn sie aus diesem Teufelskreis nicht bald herauskommen, professionelle
Hilfe brauchen.

Weshalb greifen Stiefväter so schnell und sozusagen unbe-
sehen zu disziplinierenden Regelsetzungen, um sich in die
Familie einzuführen? Wer als Fremder zu Fremden stößt,
wird normalerweise kaum Pflicht und Ordnung einfor-
dern, weil er weiß, daß ein solches Auftreten nicht zu An-
näherung, sondern zu Distanz und Abwehr führt. Hier
wird ein typisches Dilemma des Stiefvaters deutlich:
▶ Der Stiefvater kennt aus seiner eigenen Kindheit die
  Rolle des Vaters, nicht aber die des Stiefvaters. Dafür
  findet er kaum überzeugende Vorbilder. Die Rolle des
  Stiefvaters ist auch kaum erforscht. Es gibt bisher nur
  wenige Untersuchungen, die die Aufgaben und Kompetenzen des Stiefvaters und seinen Platz in der Stieffamilie beschreiben (vgl. Giesecke 1997). So finden Stiefväter

auch in der Literatur kaum umfassende Informationen und Orientierung.

▶ Der Stief*vater* kommt der Bezeichnung gemäß als eine Art «Vater» in die neue Familie. Er übernimmt eine Rolle nach dem Muster der Kernfamilie. Dabei mißachtet er, daß diese Rolle bereits besetzt ist. Der Vater der Kinder ist und bleibt der Vater, auch wenn er die meiste Zeit nicht mehr mit ihnen zusammenlebt. Selbst bei Kindern, deren Vater gestorben ist, kann und darf ein Stiefvater nicht die Vaterrolle übernehmen und Vaterfunktionen ausüben! Kinder spüren ganz genau: Es gibt ein existentielles Recht jedes Kindes auf seinen Vater (und seine Mutter); und so wehren sie sich gegen einen Stiefvater, der sich Schuhe anzieht, die ihm nicht gehören.

▶ Wenn ein Stiefvater seine Rolle in der Stieffamilie darauf aufbauen will, seine Stiefkinder mit Autorität zu erziehen, dann orientiert er sich zudem an einem sehr traditionellen Verständnis der väterlichen Rolle. Längst ist ja die Vaterrolle nicht mehr festgelegt auf «instrumentelle» Funktionen. In dieser Hinsicht könnten also Stiefväter vom Wandel der Vaterrolle lernen, auch wenn sie nicht Väter sind.

Wenn Stiefväter Stieftöchter sexuell mißhandeln

Florian verspürt trotz aller Konflikte Verantwortung und Achtung gegenüber Julia als Mädchen und junger Frau. Es gibt aber Situationen, wo Stiefväter ihrer Stiefkinder sexuell mißhandeln, was sich für die Kinder besonders verheerend auswirkt. Erinnern wir uns: Die Hoffnungen der neuen Partnerin sind in der Phase der Stieffamilienbildung besonders groß. Sie freut sich, daß sie nun mit so vielen Fragen und Sorgen nicht mehr allein ist. Sie erwartet Halt und Sicherheit und wünscht sich, daß auch ihre Kinder nun sicher und geborgen aufwachsen können. Ihre Kinder haben durch die Trennung von ihrem Vater sehr gelitten. Und nun kommt eine neue männliche Person in die Familie, die neue Akzente setzen kann. Stiefkinder sind in dieser Situation auf eine gute Form der Zuwendung, Aufmerksamkeit und Freundschaft angewiesen. Wie kommt es, daß es Stiefväter gibt, die diese Bedürfnisse der Stiefkinder nach Akzeptanz und Zuwendung in einer zerstörerischen Weise ausnutzen und insbesondere Stieftöchter zutiefst verletzen? Die meisten sexuell mißhandelten Mädchen und jugendlichen Frauen, die solche Übergriffe erlebt haben, leiden unter einem geringen Selbstwertgefühl und haben große Schwierigkeiten, im Erwachsenenalter enge, persönliche Beziehungen, insbesondere zu Männern, einzugehen.

Für den deutschsprachigen Raum haben wir keine statistischen Angaben darüber gefunden, wie häufig hierzulande Stiefväter ihre Stieftöchter sexuell mißhandeln. In den USA gibt es dagegen verläßliche Untersuchungen (vgl. Russell 1984, S. 15–22; Finkelhor/Baron 1986, S. 77ff.). Es ist zu vermuten, daß die dort gewonnenen Erkenntnisse auch für hiesige Verhältnisse zutreffen.

▶ Nach den Untersuchungen in den USA mißhandeln sechsmal mehr Stiefväter ihre Stieftöchter sexuell als leibliche Väter ihre Töchter.
▶ Die Art des sexuellen Mißhandlung durch diese Stiefväter ist besonders gewalttätig.
▶ Die sexuelle Mißhandlung durch diese Stiefväter begann jeweils bereits in der Aufbauphase der Stieffamilie.

Amerikanische Forscherinnen und Forscher geben dafür die folgenden Erklärungen:

1. Im Vergleich zu den leiblichen Vätern haben die Stiefväter das Inzesttabu nicht verinnerlicht. Normalerweise wird dieses Tabu in der Kleinkindphase verinnerlicht,

und diese Phase hat der Stiefvater mit seinen Stieftöchtern in den meisten Fällen nicht erlebt. Der Stiefvater hat, im Unterschied zum leiblichen Vater, eine andere, sehr viel distanziertere Beziehung zu seinen Stiefkindern und ist mit ihnen ja auch nicht blutsverwandt.

2. Es kann zu sexuellen Wünschen beim Stiefvater kommen, wenn der Altersunterschied zwischen dem Stiefvater und der Stieftochter gering ist. In vielen Fällen, in denen Stiefväter Stieftöchter sexuell mißhandelt haben, war der Stiefvater jeweils jünger als seine neue Partnerin bzw. die leibliche Mutter, und der Altersunterschied zwischen ihm und seiner Stieftochter war nur gering. Hier besteht also die Gefahr, daß die Generationengrenze zur Stieftochter keinen genügenden Schutz bietet und sich Rollen vermischen.

Stiefväter übernehmen also insbesondere ihren Stieftöchtern gegenüber eine große Verantwortung. Hilfen erhalten sie und die Stieftöchter bei allen Beratungsstellen (Adressen s. S. 167). Auch Mütter, die den Verdacht haben, daß ihre Töchter sexuell mißhandelt werden könnten, wenden sich am besten an solche Stellen (siehe dazu auch S. 52ff.).

Rechtliche Situation

Sorge- und Umgangsrecht

Es besteht zu keinem Zeitpunkt, also auch nicht nach der Heirat der neuen Partner, eine Rechtsbeziehung des Stiefvaters zum Stiefkind. Das geltende Recht sieht derzeit keine Möglichkeit für den Stiefelternteil vor, etwa auf Antrag gemeinsam mit dem neuen Partner das Sorgerecht zu erhalten.

Der Stiefvater hat bei Gerichtsverfahren, die das Sorge- und Umgangsrecht des Stiefkindes betreffen, kein eigenständiges Recht auf Gehör. Er kann informatorisch angehört werden, wenn dies der Familienrichter für erforderlich erachtet.

Unterhalt

Der Stiefvater ist nicht zur Zahlung von Unterhalt für das Stiefkind verpflichtet. Da der gesetzlich zu zahlende Kindesunterhalt in vielen Fällen nicht zur angemessenen Versorgung des Kindes ausreicht, werden vom Stiefelternteil häufig auch zusätzliche finanzielle Leistungen erbracht.

Entscheidungen, die Geld kosten, werden von den sorgeberechtigten Eltern des Kindes allein getroffen.

Erbrecht

Der Stiefvater kann seinem Stiefkind etwas vererben. Dazu muß er ein Testament machen. Ansonsten erben nach der gesetzlichen Erbfolge seine nächsten Verwandten (§§ 1924 ff. BGB), und das Stiefkind geht leer aus. Sind z. B. der Stiefvater und seine Partnerin Miteigentümer eines Hauses, so wird nach der gesetzlichen Erbfolge im Falle des Todes des Stiefvaters das Stiefkind nicht erben. Durch ein Testament kann dies anders bestimmt werden. Leben in der Stieffamilie z. B. ein Stiefkind und gemeinsame Kinder der Partner und will der Stiefelternteil für den Fall seines Todes alle Kinder zu gleichen Teilen bedenken, gibt es Konstellationen, in denen dies nur über den Weg der Adoption des Stiefkindes möglich ist.

Scheitern der neuen ehelichen Lebensgemeinschaft

Auch nach der Trennung kann der Stiefvater für sein Stiefkind nicht das Sorgerecht erhalten. Allerdings hat er ein Recht auf Umgang mit dem Kind, wenn dies dem Wohl des Kindes dient und er mit dem Kind längere Zeit zusammengelebt hat (§ 1685 BGB).

Adoption

Der Stiefvater kann das Kind des neuen Lebenspartners adoptieren und auf diesem Wege die elterliche Sorge zusammen mit der Mutter des Kindes ausüben. Dies gilt entsprechend auch für die Stiefmutter (Näheres s. S. 108 ff.).

Hinweise für den Stiefvater

Ihre Partnerwahl

Sollten Sie vor der Entscheidung stehen, ob sie eine neue Beziehung zu einer Partnerin eingehen wollen, dann fragen Sie sich offen, welches Ihre Gründe dafür sind.

Wenn Sie die Kinder Ihrer neuen Partnerin nicht «mögen», wenn sie Ihnen «zuviel sind», dann ist es besser, nein zu sagen. Erfahrungsgemäß ist es schwer, aus einem solchen Gefühl heraus einen offenen, ernsthaften Kontakt aufzubauen.

Wenn Sie den Eindruck haben, Ihre Freundin sucht in Ihnen einen neuen Vater für Ihre Kinder und sieht die Paarbeziehung als zweitrangig an, dann klären Sie mit ihr, ob sie Ihre Freundschaft sucht, weil sie Sie als «Vater» für ihre Kinder braucht oder weil sie Sie als Person liebt und mit Ihnen eine neue Partnerschaft aufbauen will.

Stiefvater-Sein gestalten

Vermeiden Sie es, zum früheren Partner Ihrer Frau in Konkurrenz zu treten. Sie würden in dieser Beziehung nicht nur den Kürzeren ziehen, sondern auch Ihre Beziehung zu Ihrem Stiefkind, die sich langsam zu entwickeln beginnt, ernsthaft gefährden.

Lassen Sie sich durch die Situation, in eine neue Familie hineingekommen zu sein, nicht dazu verführen, eine Elternfunktion zu übernehmen. Stiefväter und Stiefmütter sind keine Eltern, auch nicht «Quasi-Eltern», auch wenn die Bezeichnung «Stiefvater» bzw. «Stiefmutter» dies suggerieren möchte. Sie sind als Person zuerst und in erster Linie eine neue Partnerbeziehung eingegangen. Sie können in dieser Konstellation Ihrer neuen Partnerin ein wichtiges Beziehungsangebot machen. Sie können wohlwollende, freundschaftliche Gefühle für die Kinder entwickeln. Halten Sie sich jedoch zurück, Erziehungsfunktionen zu übernehmen. Sie sollen und dürfen gezielt *anderes* für den Aufbau und die Gestaltung Ihrer Beziehung zu den Stiefkindern tun.

Machen Sie Ihren Stiefkindern folgende Angebote:

▶ Ich höre dir zu, wenn du von der Schule kommst und überhaupt immer dann, wenn du mich brauchst.

▶ Du kannst dich an mich wenden, wenn deine Mama nicht da ist.

▶ Ich erzähle dir Geschichten: von mir, meine Geschichte, aber auch Geschichten aus Büchern.

▶ Ich gehe mit dir auf den Spielplatz oder unternehme etwas mit dir, wenn du dies willst.

▶ Ich kann dir helfen, dein Fahrrad zu reparieren, und vieles mehr. Ich gebe dir Tips, wenn du sie brauchst.

▶ Ich spiele mit dir Bilderlotto oder Mensch-ärgere-dich-nicht oder Fußball oder ...

▶ Ich mache dich auf Fallen und Gefahren aufmerksam und gebe acht, daß dir nichts passiert.

▶ Ich passe auf, daß ich mit meinem Engagement deinem Vater nicht in die Quere komme. Du sollst den Kontakt zu deinem Vater halten und pflegen können.

▶ Ich berate mich mit deiner Mutter darüber, was du brauchst und wobei sie dir Hilfen anbieten und Grenzen setzen kann.

▶ Ich mache mich stark dafür, daß wir gemeinsame Familienregeln für unsere neue Familie finden, damit jeder weiß, was er zu tun hat.

Werden Sie ein Freund Ihres Stiefkindes! Das ist eine hilf-
reiche, gestaltende und damit einflußreiche Rolle. Sie er-
möglicht Entwicklung, die alle Mitglieder in der Stieffamilie brauchen.

Die Stiefkinder

Fünf Kinder einer therapeutisch begleiteten Gruppe unter
dem Namen «Kinder leben in einer Stieffamilie» treffen
sich einmal wöchentlich. Sie erzählen von ihren Sorgen
und Ängsten, sprechen über versuchte Lösungen und über
das, was schon bewältigt ist.

*Marcel (9) findet am wichtigsten, «daß ich hier von den
anderen verstanden werde. Wenn ich berichte, wie ungerecht
ich meinen Stiefvater manchmal finde, dann weiß jeder hier,
wovon ich rede.»*

*Benedict (10) ist gerne in der Gruppe, weil «man da so rich-
tig Dampf ablassen kann. Es tut gut, mal so doll auf die zu
Hause zu schimpfen.»*

*Den anderen Kindern, (Elli 12), Annika (10) und Micha (11)
geht es ähnlich. «Von einem Tag zum anderen war meine
Mama wie ausgewechselt», erzählt Elli. «Sie brachte mir Eis
am Stiel mit nach Hause, während sie vorher jede Mark
zweimal umdrehte, bevor sie sie ausgab. Ich hörte sie manchmal in der Küche singen und summen, und ich verstand die
Welt nicht mehr. Und dann wurde mir alles klar: Meine Mutter hat einen Freund! An einem Wochenende war er plötzlich
da, und die beiden tauschten verliebte Blicke aus, während ich
innerlich auf Tauchstation ging.»*

Es gibt kaum eine vergleichbare Situation, die der
Elternteil und seine Kinder so unterschiedlich erleben! Die
Mutter und Partnerin ist erfüllt von der neuen Beziehung.
Sie bedeutet ihr einen Neuanfang und läßt sie vieles verges-

sen, was in der Vergangenheit schwierig und schmerzlich war. Mit dem Zusammenkommen und Zusammenleben ist auch ihre Hoffnung verbunden, daß das Leben einfacher wird. Aufgaben und Verantwortung lasten jetzt nicht mehr nur auf ihrer Schulter, sondern können geteilt werden.

Trauer, Ohnmacht und Angst

«Ich hatte immer gehofft, daß sich Mama und Papa wieder vertragen», erzählt Annika. «Es hat nichts genutzt, Mama soviel wie möglich abzunehmen und gute Noten im Zeugnis zu

haben. Ich hasse den ‹Neuen›! Hoffentlich haut er bald wieder ab!»

Annika geht es wie vielen Stiefkindern: Mit dem Einzug des neuen Partners der Mutter ist ihr Traum ausgeträumt, ihr Vater könnte wieder einziehen, die Eltern könnten sich wieder verstehen und alles würde wieder so sein wie vor der Trennung. Die meisten Kinder aus geschiedenen Ehen geben ihren Wunsch nie auf, daß die Eltern doch wieder zusammenkommen, so schwierig das Zusammenleben früher auch war. Die Ursprungsfamilie von Vater-Mutter-Kind, die unter einem Dach lebt, ist und bleibt für die Kinder der Ort der Sicherheit und Geborgenheit. Das Kind trauert auch darüber, daß es nun seine Mutter nicht mehr allein für sich hat, sondern mit dem neuen Mann in der Familie teilen muß.

Das Kind empfindet gleichzeitig Ohnmacht: Es hat keine Macht, die Ereignisse aufzuhalten oder auch nur in seinem Sinn zu beeinflussen. Dies war bereits vor der Trennung

der Eltern so; in den meisten Fällen wird die Trennung von den Kindern nicht gewollt. Die Gründung der Stieffamilie geht allein auf den Wunsch und die Entscheidung der Erwachsenen zurück. Micha aus der oben vorgestellten Gruppe berichtet, daß er manchmal in die Luft guckt, wenn seine Stiefmutter ihn etwas fragt. Er tut so, als wäre sie nicht da. Marcel hat schon mal das Fahrrad seiner Mutter so «behandelt», daß sie nicht zu einem Treffen mit ihrem Freund fahren konnte und zu Hause bleiben mußte. So verhalten sich viele Kinder, weil sie nicht wollen, daß sich in ihrer Familie etwas ändert. Die neue Beziehung ihres Elternteils empfinden sie zudem oft als Verrat am getrennt lebenden oder verstorbenen früheren Partner.

Manche Kinder fühlen sich auch hintergangen: Sie haben nicht mitbekommen, daß ihr Elternteil eine neue Beziehung aufgenommen hat. Eines Tages steht dann ein fremder Mann oder eine fremde Frau vor dem Kind. Kinder fühlen sich verletzt, wenn ihr Elternteil solche tiefgreifenden Entscheidungen nicht mit ihnen bespricht und sie nicht langsam auf die damit verbundenen Veränderungen aufmerksam macht. Häufig richtet das Kind die Wut und den Zorn gegen den Stiefelternteil, auch wenn es diese neue Person sympathisch findet. «Gestern hat Regine, meine Stiefmutter, Pizza gebacken», fällt Micha dazu ein. «Auf einmal habe ich so an Mama denken müssen – ich habe das Pizzastück auf den Boden geschmissen und bin in mein Zimmer gerannt. Und dann standen wir dann da, sie draußen und ich drinnen, und haben beide geheult.» – Angst und Unsicherheit beherrschen die Gefühle vieler Kinder in dieser Situation.

Für die Kinder ist also die Stieffamiliengründung zunächst meist kein freudiges Ereignis und kein Gewinn, sondern ein Verlust. So wehren sie sich häufig gegen alles, was nach «Familie» aussehen könnte, um ihrem Protest gegen die Entscheidung der Erwachsenen Ausdruck zu verleihen. Stiefkinder im Jugendlichenalter nehmen die neue Situation häufig zum Anlaß, sich von ihren Eltern zu einem früheren Zeitpunkt als vorgesehen zu lösen. Oder ein älteres Kind entscheidet sich, zum anderen Elternteil zu ziehen. Die Stieffamilie verändert in jedem Fall die Situation der Kinder von Grund auf.

Zwischen zwei Fronten

Häufig erlebt sich das Kind zwischen zwei Fronten, die sich folgendermaßen zeigen:

Keine gemeinsame Werte- und Verhaltensbasis

Das neue Paar hat Schwierigkeiten, eine gemeinsame Partnerbeziehung aufzubauen und neu zu gestalten. Vielleicht sind frühere Familienerfahrungen, die Auffassungen über Erziehung und über ein gelingendes Familienleben so unterschiedlich, daß eine gemeinsame Werte- und Verhaltensbasis nur schwer zu entwickeln ist. Solche Unterschiede machen sich häufig am Verhalten der Kinder fest, und die Gründe für die Schwierigkeiten werden beim Stiefkind gesehen. Der Stiefelternteil erlebt im Stiefkind das Verhalten, das er beim neuen Partner nicht akzeptieren kann. So besteht die Gefahr, daß der Konflikt zwischen dem Paar auf die Ebene der Kinder umgelenkt und dort ausgetragen wird. Marcel erzählt:

«*Meine Mutter ist viel lockerer als mein Stiefvater. Wenn ich abends ins Bett gehen soll, kommt es bei meiner Mutter nicht auf die Minute an. Ich bekomme etwas vorgelesen, und wir unterhalten uns über den Tag. Am anderen Morgen schimpft der Stiefvater mit mir. ‹Du bist wieder einmal zu spät schlafen gegangen›, mir würde die Bettruhe fehlen. Kinder wie ich müßten früher ins Bett.*»

Keine klaren Absprachen

Unstimmigkeiten zwischen den getrennt lebenden Eltern belasten die Kinder, z. B. Unklarheit oder sogar Streit darüber, wo und wie lange die Kinder bei wem leben. Dies macht es für Kinder schwer, zwischen ihren Elternhäusern zu pendeln. Häufig werden Kinder in diesen Streit aktiv mit einbezogen, sei es, daß sie über die Situation des anderen Elternteils ausgefragt werden, sei es, daß sie zu einem bestimmten Verhalten eines Elternteils Stellung nehmen sollen.

Annika verunsichert das sehr:

«Meine Eltern möchten mich am liebsten jeweils nur für sich haben. Sie streiten sich häufig darüber, bei wem ich die Wochenenden verbringe, denn mein Papa findet vieles nicht gut, was meine Mama macht, und umgekehrt. Er fragt dann nach, ob ich weiterhin soviel ‹Grünzeug› bei Mama essen muß. Und meine Mutter schimpft, weil mich Papa ihrer Meinung nach am Samstagabend zu lange fernsehen läßt.»

Konkurrenz zwischen dem leiblichen Elternteil und dem Stiefelternteil

Zwischen dem Elternteil, der nicht mehr in der Familie lebt, und dem Stiefelternteil und neuen Partner besteht eine Konkurrenzbeziehung. Stiefkinder können indirekt aufgefordert werden, sich an diesem Konkurrenzkampf zu beteiligen. Sie erleben, wie ein Elternteil sich abwertend über den anderen Elternteil äußert. Elli findet das zum Beispiel sehr ungerecht:

«Mein Stiefvater sagt immer wieder, mein Papa würde mir zuviel durchgehen lassen, wenn ich bei ihm bin. Er sagt dann: ‹Wenn du meine Tochter wärst, würde ich bei dir andere Saiten aufziehen.›» Wenn Ellis Vater vom Stiefvater abgewertet wird, fühlt sich Elli selbst abgewertet. Vielleicht wehrt sie sich gelegentlich gegen diese Abwertung und muß die Erfahrung machen, selbst Zielscheibe in diesem Konflikt zu werden.

Negatives Vergleichen

Die Stiefkinder aus den beiden Familien werden gegeneinander ausgespielt. Wenn Stiefkinder aus zwei Teilfamilien
zusammenleben, kann es passieren, daß das Verhalten der
Kinder einer «Partei» verglichen wird mit dem Verhalten
eines Kindes aus der anderen «Partei» – und damit werden
aus den Kindern «gute» oder «schlechte» Kinder gemacht.
Solche Vergleiche schüren die Konkurrenz unter den Stiefkindern und behindern das Zusammenleben. Beispiele dafür können viele Kinder nennen:

Micha: *«Es macht mich richtig stinkig, wenn mir meine
Stiefmutter hinterherruft, ich soll das Bad doch auch so auf-
geräumt hinterlassen wie ihr Sohn Leon, dann hätten wir weniger Probleme miteinander.»*

Marcel äfft seinen Stiefvater nach: *«‹Du könntest bitte in
einem freundlicheren Ton ‹Guten Morgen› sagen, wie das Pia
tut.› Wenn ich das höre, dann muß ich mir direkt etwas überlegen, wie ich Pia eins auswischen kann.»*

Stiefkindadoption – eine Lösung?

Es ist also gerade in der Anfangssituation für Stiefkinder
und für den Stiefelternteil nicht leicht, sich aufeinander
zuzubewegen. Das Zusammenfinden der Stieffamilie hängt
zu einem großen Teil davon ab, ob es dem Stiefvater bzw.
der Stiefmutter gelingt, die für ihn bzw. sie und für die
ganze Familie passende Rolle zu finden. Aus der beschrie-
benen Rollenunsicherheit (s. S. 93 ff.) heraus greifen insbesondere Stiefväter häufig zum Mittel der Adoption, um das
Dilemma, wer zu wem gehört, zu beenden. Bei einer Adoption werden die Stiefkinder durch einen Rechtsakt zu seinen Kindern «gemacht». Der leibliche Vater muß vorher
der Adoption zugestimmt haben. Damit verliert er aber
seine Vaterrechte, und seine Kinder gelten dann juristisch

als nicht mehr mit ihm verwandt, tragen nicht mehr seinen Namen und sind nicht mehr erbberechtigt. Die Kinder verlieren auf diese Weise ihren Vater, und zwar für immer.

Ein fragwürdiges Vorgehen

Unseres Erachtens ist die Stiefkindadoption ein fragwürdiges Vorgehen, und zwar aus vielen Gründen:

Stieffamilien entstehen in einem längeren kommunikativen Prozeß und nicht durch einen Rechtsakt, gleichsam durch einen Federstrich unter ein juristisches Dokument.

Die Adoption ist ein hilfreiches Vorgehen in einer Mangelsituation, wenn also beispielsweise ein Kind Eltern braucht, weil seine Eltern nicht mehr leben. Oder wenn ein Paar sich Kinder wünscht, weil es keine eigenen Kinder bekommen kann. Eine solche Situation ist in der Stieffamilie nicht gegeben. Hier besteht keine Mangelsituation, sondern eher ein «Zuviel» an Beziehungen. Das Kind hat nach wie vor beide Eltern. Es besteht allerdings Unsicherheit in der Stieffamilie, die vor allem darin gründet, daß der Stiefelternteil seine Rolle finden muß.

Bei einer Adoption soll nach dem Gesetz das Wohl des Kindes im Zentrum stehen. Es wird geprüft, welches Paar den Bedürfnissen des Kindes am ehesten gerecht werden kann. Die Initiative zur Stiefkindadoption geht vor allem, wenn nicht ausschließlich, von den Erwachsenen aus. Wenn Kinder wählen könnten, würden sie in aller Regel ihre getrennt lebenden Eltern behalten wollen, auch dann, wenn es Schwierigkeiten mit Vater oder Mutter gibt. Die Stiefkindadoption ist also vorwiegend durch die Bedürfnisse der Erwachsenen motiviert.

Kinder haben ein existentielles Recht auf *beide* Eltern. Dieses Recht wird ihnen durch die Adoption genommen.

Weite Entfernungen können heute leicht überbrückt werden. Telefon, Telefax und E-Mail sind längst selbstverständliche Kommunikationsmittel geworden, die Kinder mit ihrem weit weg lebenden Elternteil verbinden können.

Rechtliche Situation der Adoption

Der Stiefvater (wie auch die Stiefmutter) hat die rechtliche Möglichkeit, das Kind seines Lebenspartners zu adoptieren, wenn dies dem Wohl des Kindes dient und zu erwarten ist, daß sich zwischen dem Stiefvater und dem Stiefkind eine gute Beziehung entwickeln wird (vgl. § 1741 BGB).

Die Adoption verändert den *Rechtsstatus des Kindes* radikal:

- Das Kind ist nicht mehr mit seinem Vater und dessen Verwandten verwandt.
- Das Kind ist gegenüber seinem leiblichen Vater nicht mehr erbberechtigt.
- Der leibliche Vater verliert jedes Recht und auch seine Umgangsbefugnis in bezug auf sein Kind.

– Dem Kind wird quasi rechtlich ein «Ersatzvater» zuge-
ordnet.
– Mit der Adoption erlangt das Kind die rechtliche Stellung eines gemeinsamen Kindes des neuen Paares (vgl.
§ 1754 Abs. 1 BGB). Die elterliche Sorge steht dem neuen
Paar gemeinsam zu (§ 1754 Abs. 3 BGB).
– Das Kind kann auch seinen Geburtsnamen nicht beibe-
halten, sondern erhält einen neuen Geburtsnamen.
– Wenn das Kind einwilligt, kann auch ein neuer Vorname
gewählt werden (§ 1757 Abs. 4 Nr. 1 BGB).

Die Adoption kann allerdings nur erfolgen, wenn neben
dem Kind (bzw. seiner gesetzlichen Vertretung) auch seine
Eltern in die Rechtsänderung des Status einwilligen.

Wenn der Vater nicht in die Adoption einwilligt, sondern statt dessen die Übertragung der elterlichen Sorge be-
antragt (vgl. § 1672 BGB), muß rechtlich erst über diesen
Antrag entschieden werden, bevor das Adoptionsverfah-
ren weitergeführt wird.

Verweigert der Vater die Einwilligung, so kann er die
Adoption damit verhindern. Seine fehlende Einwilligung
kann nur unter ganz eng umschriebenen Voraussetzungen
ersetzt werden (vgl. § 1748 BGB). Es besteht Beratungs-
pflicht des Elternteils durch das zuständige Jugendamt.

Die Adoption schafft einen rechtlichen «Elternersatz».
Sie bedeutet für das Kind und den Stiefvater nunmehr eine
lebenslange Bindung mit allen wechselseitigen Rechten
und Pflichten. Die Adoption kann nur unter ganz bestimmten Voraussetzungen wieder rückgängig gemacht
werden. Beim Scheitern der Stieffamilie wird die Adoption
nicht aufgehoben.

Tod der sorgeberechtigten Mutter

Wenn zum Zeitpunkt des Todes der Mutter der Vater des
Kindes bereits verstorben ist, kann der Stiefvater die Vor-
mundschaft für sein Stiefkind beantragen. Als Vormund

erhält er das Recht und die Pflicht, für das Kind zu sorgen (§ 1793 Abs. 1 BGB). Hat die Mutter des Kindes vorsorglich testamentarisch den Stiefvater als Vormund bestimmt, hat das Gericht dem Willen der Mutter zu entsprechen (§ 1777 Abs. 3 BGB). Das Gericht prüft allerdings, ob diese Entscheidung dem Kindeswohl dient.

Anwalt des Kindes

Wenn die Eltern nach ihrer Trennung schwierige und anhaltende Konflikte um das Sorgerecht und Umgangsrecht vor Gericht austragen, kann das Gericht zur Vertretung der eigenständigen Interessen des Kindes einen sogenannten Verfahrenspfleger (Anwalt des Kindes) bestellen, wenn dies zur Wahrnehmung der Rechte des Kindes erforderlich ist. Ihm kommt die Aufgabe zu, durch Gespräche mit den Eltern, dem Stiefelternteil und dem Kind die für das Kindeswohl beste Regelung zu erarbeiten und dem Gericht vorzuschlagen.

Leben unter zwei Dächern

Das Stiefkind pendelt zwischen den zwei Haushalten seiner geschiedenen Elternteile. Es lebt mit einem Elternteil eine bestimmte Zeit zusammen, dann verabschiedet es sich dort und geht zum anderen Elternteil. Dort nimmt es nach einer bestimmten Zeit auch wieder Abschied und kehrt zurück usw. Sein Leben ist also immer wieder von *Abschied* und von *Wiedersehensfreude* geprägt. Mit diesem Wandern zwischen zwei Haushalten ist viel Unsicherheit verbunden: Wie werde ich meinen Vater oder meine Mutter antreffen, wenn ich ihn oder sie sehe? Was hat er oder sie wohl erlebt? Was könnte ich erzählen? Was will ich wissen oder fragen? Kann ich dort auch Eis kriegen, oder gibt es das nur bei Mama bzw. Papa? Hat denn der Vater oder die

Alles stief: Vater, Mutter, Kind ...

*In einem Seminar für Familientherapeuten hat ein Seminarteilnehmer
in seiner Rolle als Stiefkind dieses Bild seiner Rollenspiel-Stieffamilie gemalt.*

Mutter Zeit für mich, wenn ich komme, oder bin ich ihm
bzw. ihr eine Last? Was wird meine Mutter bzw. mein Vater tun, wenn ich jetzt am Wochenende nicht bei ihr oder
ihm bin? Wird sie oder er mich vermissen? Werde ich
Heimweh haben? Hat mich meine Mutter bzw. mein Vater
wohl gern gehen lassen oder nur widerwillig? Was wird sie
oder er sagen, wenn ich mit schmutzigen Schuhen nach
Hause komme? Darf ich erzählen, was ich mit meinem Vater unternommen habe, oder hört sie bzw. er das nicht
gern?

Das Stiefkind pendelt zwischen zwei «Kulturen»

«Die Wochenenden mit meinem Papa sind toll», berichtet Benedict. *«Wir sitzen beide gern in der Werkstatt von Papas Fahrradgeschäft. Ich helfe Papa beim Einbauen von Ersatzteilen bei den kaputten Fahrrädern; er bringt mir dann eine Menge bei. Nach der Arbeit gehen wir nach Hause und kochen uns was oder essen nebenan in einer Pizzeria, wo mein Papa viele nette Leute kennt. Das Wochenende ist immer schnell rum, und ich freue mich schon auf das nächste.*

Wenn ich vom Wochenende mit Papa zurückkomme, muß ich mich total umstellen. Natürlich ist dann Schulalltag, und ich habe immer viele Hausaufgaben. Einmal die Woche gehe ich in die Geigenstunde. Meine Mutter ist hinter mir her, daß ich jeden Tag mindestens eine Stunde Geige übe. Sie nimmt al-

les sehr genau und achtet darauf, daß ich ein guter Schüler bin. Letzthin habe ich einen Preis bei ‹Jugend musiziert› gewonnen. Das war schon toll. Papa war beim Konzert dabei, aber ich glaube, er fand die Musik langweilig.»

Benedict macht wie viele Stiefkinder die Erfahrung: Was beim einen Elternteil viel gilt, ist dem anderen Elternteil unwichtig. Benedict erlebt zwei unterschiedliche Welten, die er in sich aufnimmt und aus denen er ein eigenes, für sich passendes Bild der Wirklichkeit entwickelt. Bei Stiefkindern wie Benedict ist der Aufbau einer stabilen Persönlichkeit davon abhängig, daß sie es schaffen, in beiden Kulturen zu leben, daran zu reifen und sich zu entwikkeln. Eine außergewöhnliche Leistung!

Hinweise für getrennt lebende Eltern

Das Wohnen unter zwei Dächern soll für das Kind so alltäglich und selbstverständlich werden wie das Aufstehen am Morgen und der Gang zur Schule. Es gibt immer Zeiten, in denen sowohl Erwachsene als auch Kinder keine Lust haben, das eine oder das andere zu tun. Und doch führt kein Weg an solchen «vernünftigen» Notwendigkeiten vorbei. Klare, einfache Regelungen zwischen den betroffenen Elternteilen helfen, eine solche Alltäglichkeit in den Beziehungen herzustellen. Dabei sind der Kreativität der Eltern und ihrem Findungsreichtum keine Grenzen gesetzt. Sie können beispielsweise «Vatertage» und «Muttertage» (vgl. v. Keyserlingk 1994, S. 74 ff.) einrichten. Regelungen könnten nach bestimmten Zahlen und Abfolgen getroffen werden: An den ungeraden Wochenenden im Monat lebt das Kind beim einen, an den geraden Wochenenden beim anderen Elternteil. (Ein fünftes – ungerades – Wochenende kann Anlaß zu einer besonderen Aktivität sein.) Oft bitten wir die Kinder, sich einen besonders schönen Kalender zu besorgen oder diesen selber anzulegen. Manchmal gestalten sie ihn selber. In Absprache mit beiden Eltern markieren dann die Kinder mit bestimmten Farben, Gegenstände oder Klebematerialien, wann sie bei wem sind. Aus solch eindeutigen Regelungen ergibt sich ein autonomer Handlungsspielraum für Eltern und Kinder, den alle Beteiligten für eine vertrauensvolle Beziehung brauchen.

Vorsicht, Falle! «Ich bin schuld!»

Wenn es ein Elternteil nach der Scheidung ablehnt, seine Kinder weiter zu sehen, fragen sich diese Kinder häufig, was sie falsch gemacht haben. Sie entwickeln Schuldgefühle, weil sie vermuten, daß es an ihnen liegt, daß ihr Vater oder ihre Mutter sich von ihnen zurückgezogen hat. Sagen Sie Ihren Kindern deutlich, daß es Ärger und Zorn zwischen den Eltern, nicht jedoch zwischen ihnen und dem Elternteil gab und daß dieser Rückzug nicht in einem Konflikt mit ihnen, den Kindern, begründet ist. Sprechen Sie offen mit Ihren Kindern darüber, daß es Ihnen als Erwachsenen noch nicht gelungen ist, diesen Streit beizulegen. Bestätigen Sie Ihre Kinder: «Du bist gut, so wie du bist!» Natürlich dürfen Sie Ihren Kindern keine falschen Hoffnungen machen. Sie können die Entscheidungen des anderen Elternteils kaum beeinflussen. Aber Sie können Ihrem Kind deutlich machen, daß der andere Elternteil sein Vater bzw. seine Mutter ist und bleibt und daß sich daran nichts geändert hat und nichts ändern wird, auch wenn es im Moment wenig oder sogar keinen Kontakt mit ihm gibt.

Alles stief: Vater, Mutter, Kind ...

Grundvoraussetzungen
für ein Leben unter zwei Dächern

Die Erfahrungen von Stieffamilien mit dieser neuen Familienform lassen erkennen, daß mindestens drei Grundvor-
aussetzungen gegeben sein müssen, damit ein Kind in zwei
Familien leben kann.

1. Den Beitrag des anderen Elternteils anerkennen

Die getrennt lebenden Eltern sollten dem Kind deutlich
ihren Willen zeigen, daß es ihm bei beiden Eltern, in beiden
Haushalten gut geht! Wenn Kinder zwischen zwei Familien
hin und her pendeln, dann besteht die Gefahr, daß Erwachsene vergleichen und denken, der andere sei der bessere
Elternteil. Wenn solche negativen Gedanken auftauchen,
dann entstehen sehr schnell Gefühle des Mißtrauens – übri-
gens auf beiden Seiten. Das ist keine gute Basis für koope-
rierendes Verhalten. Vermeiden Sie deshalb Vergleiche!

2. Kooperation statt Konkurrenz

Kinder spüren schnell, wenn ein Elternteil mit dem jeweils
anderen unzufrieden ist oder weiterhin Groll gegen ihn
hegt. Sie gewinnen dann das bedrängende Gefühl, sie
müßten Stellung beziehen, sich für einen Elternteil gegen
den anderen entscheiden oder einen gegenüber dem anderen verteidigen. Da sie beide Elternteile lieben möchten,
geraten sie in einen schweren Loyalitätskonflikt. Wenn
beispielsweise ein Kind nach einem schönen Wochenende
bei seinem Vater zu seiner Mutter zurückkommt, wagt er
es nicht, ihr zu sagen, wie schön es war. Er befürchtet,
seine Mutter damit zu verletzen, und behält seine Erlebnisse und Gefühle für sich, was wiederum die Mutter als
Distanz wahrnimmt und indirekt ihre Befürchtung bestä-
tigt, der Junge sei lieber beim Vater. So entsteht ein Teufelskreis von negativen Gefühlen, der Konkurrenz schürt

und Kooperation verhindert. Kooperation baut den Kindern buchstäblich Brücken zum jeweils anderen Elternteil.

3. Das Kind nicht in Loyalitätskonflikte drängen

Es ist wichtig, dem Kind sichtbar und deutlich zu zeigen, daß die getrennt lebenden Eltern wollen, daß es ihm bei beiden Eltern, unter beiden Dächern, in beiden Haushalten gutgeht.

| Das gemeinsame Kind

Heinz (35) ist zu Eva (32) gezogen, die nach der Trennung von Hans mit ihren Kindern Linda (6) und Andreas (4) zusammenlebt. Heinz, der bisher nicht verheiratet war, wünscht sich von Eva ein Kind:

«Für mich hat ein gemeinsames Kind eine ganz besondere Bedeutung. Als ich anfangs mit Eva und den Kindern zusammenwohnte, hatte ich den Eindruck, nicht so ganz zu dieser neuen Familie zu gehören. Ich hoffe, daß sich dies ändern wird, wenn wir ein gemeinsames Kind haben.»

Eva steht diesem Wunsch sehr zwiespältig gegenüber. Sie schildert ihre Gedanken und Gefühle:

«Ich liebe Heinz sehr und kann mir gut vorstellen, mit ihm Kinder zu haben. Doch ich habe auch Angst davor, wenn ich an meine erste Partnerschaft mit Hans denke: der Streit vor der Trennung, die Kinder mittendrin, die Trauer und der Schmerz über die gescheiterte Ehe! Wer gibt mir die Gewißheit, daß sich dies nicht wiederholen wird? Was würde mit den traurigen und zornigen Kindern passieren, die verständlicherweise beide Eltern behalten wollen? Es ist für mich eine schreckliche Vorstellung, nach erneuter Trennung die Kinder aus der ersten Ehe zum einen Vater und die Kinder aus der zweiten Partnerschaft zum anderen Vater zu bringen.»

Alles stief: Vater, Mutter, Kind ...

Die Bedenken von Eva sind durchaus begründet, und vielen Paaren geht es damit ähnlich. Wer aus einer vorherigen Partnerschaft Kinder hat, wird nie wieder so unbelastet zu einem Kind «Ja» sagen können. Paare überlegen meist gründlich und prüfen sich intensiv, ob ihre neue Partnerschaft langfristig hält. Eine Sicherheit darüber gibt es nicht. Dennoch treffen manche Paare eine positive Entscheidung, wohl wissend, daß immer ein Trennungsrisiko bleibt. Andere Paare zögern so lange, bis die Frau aus biologischen Gründen nicht mehr schwanger werden kann und ihnen somit die Entscheidung abgenommen wird.

Vorsicht, Falle!
Das gemeinsame Kind ist kein Problemlöser

Es gibt Paare, die glauben, mit einem gemeinsamen Kind die Frustration über eine verfahrene Situation mit den Stiefkindern ausgleichen zu können. Sie möchten sich damit bestätigen, gute Eltern zu sein. Oder das gemeinsame Kind soll dazu dienen, sie vor dem Scheitern der neuen Partnerschaft und vor dem drohenden Verlust der Stieffamilienbeziehungen zu bewahren. Hier wie dort wird ein solches Kind nicht zuerst in seiner Eigenständigkeit und seinem Eigenwert gesehen, sondern für die Interessen des Paares eingespannt, für deren Zusammenhalt es «funktionieren» soll.

Fragen Sie sich deshalb:

▶ Haben Sie das Gefühl, ohne ein eigenes bzw. ein gemeinsames Kind nicht vollständig zu sein?

▶ Haben Sie die Absicht, mit dem gemeinsamen Kind die Partnerbeziehung zu festigen und den Zusammenhalt der Stieffamilie zu verstärken?

▶ Haben Sie die Vorstellung, mit einem gemeinsamen Kind den Ansprüchen der Umgebung besser zu genügen?

Klären Sie, aus welchen Gründen Sie ein gemeinsames Kind möchten! Das beste Motiv für ein Kind ist die Liebe eines Paares füreinander und das Bedürfnis, noch ein Kind neben sich aufwachsen zu sehen und gemeinsam für das Kind zu sorgen. Nur dann wird es den Zusammenhalt Ihrer Familie stärken!

Bedeutung für die Stiefkinder

Eva hat sich nach langen Überlegungen und vielen Gesprächen mit Heinz für ein gemeinsames Kind mit ihm entschieden. Ihre Tochter Lara ist heute fünf Jahre alt.

Linda, Evas Tochter aus der früheren Partnerschaft (inzwischen zwölf Jahre alt) erinnert sich:

«Als ich sieben war und gerade in die Schule kam, wurde Lara, meine Schwester geboren. Eigentlich ist sie ja meine Halbschwester, aber ich sage trotzdem ‹Schwester›. Ich war anfangs total eifersüchtig auf sie und sauer auf Mama, daß Lara gerade um die Zeit geboren wurde, als ich in die erste Klasse kam und ich mit meiner Schultüte beinahe meinen Auftritt verpaßte. Glücklicherweise mußte Lara an diesem Tag zur Oma. Wenn sie bei meiner Einschulung dabeigewesen wäre, hätten alle Leute nur nach ihr geguckt. Später, als sie dann größer wurde, fand ich es doch ganz gut, noch eine Schwester zu haben. Als sie gehen lernte, ist sie mir nachgelaufen wie ein Entenküken. Sie bewundert mich als ihre große Schwester und macht all den Quatsch nach, den ich ihr vormache.»

Linda spricht aus, was viele Kinder in Stieffamilien fürchten: ihren Platz beim Eltern- und beim Stiefelternteil zu verlieren, weil diese das Baby mehr lieben könnten als sie. Diese Gefühle sind nicht ganz unbegründet. Denn das gemeinsame Kind hat eine besondere Stellung: Es ist als einziges Kind mit allen in der Familie verwandt. Es verbindet die Kinder untereinander, es verbindet Stiefelternteil und Stiefkinder; auch das Paar wird durch die gemeinsame Elternschaft stärker miteinander verbunden. Das gemeinsame Kind ist demnach das einzige Familienmitglied, das von allen als «Teil von uns» (Napp-Peters 1995, S. 45) gesehen wird.

Hinweise für Eltern mit gemeinsamen Kindern und Stiefkindern

Das Paar sollte darauf achten, daß die Einheit zwischen ihnen als Eltern des gemeinsamen Kindes die Kinder in der Stieffamilie nicht trennt, sondern sie stärker zusammenführt. Hilfreich und versöhnend ist es, Geschichten aus der Zeit zu erzählen, wo das ältere Kind selbst so klein war wie das heutige Baby aus der neuen Partnerschaft. Bei solchem Erzählen erlebt das Stiefkind, daß seinem Elternteil die vielen kleinen Erlebnisse aus seiner Kinderzeit genauso wichtig sind wie die mit dem neuen Kind. Eva hat für Linda und Andreas zum Beispiel ein Fotoalbum gemacht, das alle Stationen ihrer Kindheit in der ersten Familie festhält.

Gemeinsame Kinder merken sehr schnell, welche Bedeutung und welche Stellung sie in der Familie haben. Auf diese Weise fließt ihnen Macht zu, die sie überfordern kann. Sie lernen, die Aufmerksamkeit auf sich zu lenken, und fühlen sich in der einen oder anderen Form für die Stimmung in der Familie verantwortlich: z. B. als Clown, Spielmacher, als Spielverderber oder auch als Schlichter. Heinz und Eva fällt beispielsweise auf, daß Lara gern die Aufmerksamkeit auf sich zieht, wenn Eva Linda oder Andreas zurechtweist: «Lara kommt dann an und will mir ein Bild zeigen, das sie gemalt hat. Oder sie fängt an zu schreien, und dann sind natürlich alle abgelenkt, und der Streit ist weg», erzählt Eva. «Das gleiche kann passieren,

wenn Heinz und ich eine Auseinandersetzung haben. Es hat eine Weile gedauert, bis wir merkten, daß Lara damit eine bestimmte Rolle übernimmt.»

Eltern sollten ein solches Verhalten nicht unterstützen, sondern ihr Kind vor Überforderung schützen und ihm Grenzen aufzeigen. So geht Eva mit Linda und Andreas gelegentlich in eines ihrer Zimmer, damit sie ungestört mit ihnen verhandeln kann. Heinz oder Eva bitten in ihrer Auseinandersetzung Lara, sie nicht zu unterbrechen, bis sie eine Einigung gefunden haben.

Aufwachsen in der Stieffamilie

Eltern sollten das gemeinsame Kind frühzeitig darüber informieren, daß es in einer Stieffamilie aufwächst. Es ist für Lara nicht ohne weiteres einsichtig, weshalb Linda und Andreas an manchen Wochenenden nicht da sind, weil sie ihren Vater besuchen. Lara braucht Hilfe, um zu verstehen, daß Kinder in unterschiedlichen Familienkonstellationen aufwachsen können. Eva und Heinz können beispielsweise mit Fotos verständlich machen, welche Eltern zu welchen Kindern gehören und wie sich ihre Familie zusammensetzt. Es reicht dabei nicht aus, dem Kind diesen Sachverhalt *einmal* zu vermitteln. Kinder wollen im Lauf der Jahre selbst immer wieder hören, wer denn nun der Vater und die Mutter von wem ist. Wenn Sie merken, daß Ihr Kind darüber verunsichert ist, dann ergreifen Sie die Initiative und stellen Sie Klarheit für Ihr Kind her.

Hinweise für Eltern gemeinsamer Kinder

Um den engen und erweiterten Familienkreis verständlich zu machen, können Sie Ihre Lebenssituation schrittweise und altersgemäß wie folgt erklären:

1. Erzählen Sie, wer Mutter und Vater von welchem Kind in der Stieffamilie ist.
2. Erzählen Sie, wer heute mit wem verheiratet ist und welche weiteren gemeinsamen Kinder es gibt.
3. Erzählen Sie, wer mit wem verheiratet war und welche Kinder es aus dieser Ehe gibt.
4. Erzählen Sie aus der Zeit der Trennung, der Phase der Einelternfamilie, der Kennenlernphase und der Gründungszeit der Stieffamilie ...
   Die Kinder wachsen auf diese Weise leichter in die Stieffamilie hinein und lernen sie als «ihre Familie» kennen.

4 | *Trotz Trennung Eltern bleiben*

Marianne macht sich Sorgen um ihre zehnjährige Tochter Patrizia, die seit einigen Wochen schlecht einschlafen kann, und sucht deswegen eine Familienberatungsstelle auf. Sie erzählt der Beraterin, daß sie für Patrizia abends das Licht brennen lassen muß, was wiederum Liane, die drei Jahre jüngere Schwester, stört, die im selben Zimmer schläft. Patrizia hat Angst vor nächtlichen Monstern und weint, wenn sie abends zu Bett gehen soll. Marianne hat keine Erklärung für diese Angst und weiß nicht mehr, was sie tun soll.

Die Nachfrage ergibt, daß Marianne seit etwa zwei Jahren getrennt von ihrem Mann Peter lebt. Nach der Trennung hätten die Mädchen ihren Vater sporadisch besucht; seit einigen Wochen ist der Kontakt zu ihm abgebrochen.

Es gelingt Marianne, den Vater für ein Familiengespräch mit ihr und den Kindern zu gewinnen. Als Patrizia ihren Vater nach so langer Zeit in der Beratungsstelle wiedersieht, schluchzt sie: «Ich wußte nicht, ob du noch lebst.» Mit Hilfe der Beraterin vereinbart der Vater regelmäßige Besuchstermine mit den beiden Töchtern.

Nach einigen Tagen ruft Marianne die Beraterin an. Es sind keine weiteren Beratungsgespräche mit der Familie mehr notwendig. Patrizia hat in der Nacht nach dem Wiedersehen mit ihrem Vater tief geschlafen und schläft seither jede Nacht durch. Die Schlafstörungen sind offensichtlich behoben.

Eltern bleiben ihr ganzes Leben lang Eltern ihrer Kinder. Es wird immer wieder angenommen, daß der Familienrichter bei der Scheidung die Familie auflöst. Dies ist nicht der Fall! Der Richter löst zwar die *Ehe* auf, die bei der Ziviltrauung rechtlich verbindlich begründet wurde, aber er löst nicht die Familie auf – diese wird nur in ihrer Form verändert. Dazu gehören Regelungen bezüglich des Sorgerechts, des Unterhalts und des Umgangsrechts.

Marianne ist in den weiteren Gesprächen mit der Beraterin bewußt geworden, daß die «Monster», die Patrizia nicht schlafen ließen, etwas mit ihren Gefühlen Peter gegenüber zu tun haben könnten. «Ich habe gemerkt, wie sehr ich diesem Mann immer noch übelnehme, daß er nicht bereit war, sich mit mir über unsere Beziehung auseinanderzusetzen. Plötzlich stand er da und erklärte, daß er ausziehen werde. Ich war wie vom Donner gerührt und konnte nichts tun. Er ist dann tatsächlich gegangen und hat bei mir einen Haufen Wut, Ärger und Traurigkeit hinterlassen ...»

Nach aller Enttäuschung und allem Streit ist es für ein geschiedenes Paar schwer, auf der Elternebene wohlwollend miteinander umzugehen. Wie ist das möglich, trotz Zorn und Trauer? Die Verarbeitung der Scheidung auf der Paarebene schafft die Voraussetzung für ein neues Zusammenwirken auf der Elternebene. Marianne spürte, daß sie vor der Aufgabe stand, Peter loszulassen, die Wünsche, Vorstellungen und Bilder über die Partnerschaft aufzugeben, sich zu lösen aus alten Verstrickungen und frei zu werden für Neues, neues Verhalten und neue Beziehungen – auch im Blick auf die bleibende gemeinsame Verantwortung für die gemeinsamen Kinder.

Vorsicht, Falle!
Paarebene und Elternebene trennen lernen

Es ist eine Falle, die Paarebene nicht klar und deutlich von der Elternebene zu unterscheiden und auseinanderzuhalten. Gewiß: Es ist schwer, den Partner oder die Partnerin aufgrund von Mängeln, Kritik und vielleicht Versagen verlassen zu haben oder selber verlassen worden zu sein und gleichzeitig diese Person als Vater oder Mutter der gemeinsamen Kinder zu akzeptieren. Solche Schwierigkeiten kamen beispielsweise in folgenden Bemerkungen von Marianne den Kindern gegenüber zum Ausdruck: «Habt ihr denn beim Vater richtig gegessen?» – Oder: «Wann hat euch Peter ins Bett gebracht? Habt ihr wieder lange vor dem Fernseher gesessen?» – Solche Anfragen sind meist nicht an die Adresse des Vaters oder der Mutter, sondern an den geschiedenen Partner beziehungsweise die geschiedene Partnerin gerichtet.

Vielleicht tragen Sie Ihrem früheren Mann oder Ihrer geschiedenen Frau nach, daß er oder sie Sie häufig nicht beachtet hat. Vielleicht erinnert Sie sein wiederholtes Zuspätkommen, wenn er Ihr gemeinsames Kind nach dem Wochenende zurückbringt, daran, wie oft Sie früher auf Ihren geschiedenen Mann warten mußten und wie unzuverlässig er war. Kinder spüren, wenn Sie sich weiterhin über Ihren geschiedenen Partner ärgern und Groll gegen ihn hegen. Die Kinder werden dann in den Konflikt gebracht, zwischen ihren beiden Elternteilen zu wählen, Stellung nehmen zu müssen für den einen und gegen den anderen Elternteil. Aber Kinder möchten beide Eltern lieben dürfen, weil sie sie brauchen, und sie brauchen beide Eltern, weil sie beide lieben. Es ist also wichtig, Kinder aus dem Partnerstreit herauszuhalten und zu versuchen, Unstimmigkeiten untereinander zu regeln.

Vorsicht, Falle!
Den geschiedenen Partner nicht verändern wollen

Es ist eine häufige Falle, dem anderen Elternteil, bei dem die Kinder am Wochenende leben, ungefragt Vorschläge zu machen, wie er mit den Kindern umgehen soll. Marianne hat das versucht, weil Peter die Kinder fast an jedem Besuchswochenende zu seinen Eltern brachte:

«Ich wußte nicht, ob sich dort jemand um Patrizia und Liane kümmert. Hier bin ich ja immer mit den Kindern zusammen und weiß, was sie brauchen. Auf dem Bauernhof von Peters Eltern ist immer viel los, und da befürchte ich, daß die Kinder häufiger sich selbst überlassen bleiben. Peter macht sich sein Leben immer sehr bequem. Ich habe ihn deshalb gebeten, nicht mehr so oft mit den Kindern dorthin zu fahren, aber er hat meinen Rat einfach in den Wind geschlagen.»

Hinter solchen Ratschlägen stecken nicht selten Versuche, den geschiedenen Partner oder die Partnerin verändern zu wollen, wie dies möglicherweise schon während der Partnerschaft der Fall war. Doch die wohlmeinenden Argumente sind nicht in erster Linie Hilfe, sondern werden vom anderen Elternteil und früheren Partner als unerwünschte Kontrolle erlebt, gegen die er oder sie sich dann auflehnt. Wenn Sie diese Falle wahrnehmen, können Sie leichter Formen des Vertrauens aufbauen.

| Als Eltern gemeinsame Regeln setzen

Marianne hat es ihren Kindern bisher selbst überlassen, wann und wie häufig sie ihren Vater Peter sehen, und Peter ist damit einverstanden. Meist übernimmt Patrizia die Aufgabe, Peter anzurufen. Wenn Liane bei ihrer Mutter bleiben will, geht Patrizia allein. Marianne glaubt, daß es richtig ist, wenn die Kinder nach ihren eigenen Wünschen und Bedürfnissen selbst bestimmen.

In der Beratung wird Marianne deutlich, daß diese «Nicht-Regelung» zu Mißverständnissen und Mißtrauen führen kann und offensichtlich auch geführt hat.

Wie sollen Patrizia und Liane beispielsweise antworten, wenn sie von ihrer Mutter gefragt werden: «Möchtet ihr am Wochenende euren Vater besuchen?» Im einfachsten Fall nehmen die Mädchen an, daß ihre Mutter den Kontakt zum Vater wünscht und gut findet. Die beiden könnten aus dieser Frage jedoch auch heraushören, daß die Mutter froh wäre, wenn sie wieder einmal ein Wochenende für sich allein hätte. Die Kinder könnten auch vermuten, daß ihre Mutter eigentlich ein «Nein» hören will, weil sie nicht möchte, daß sie den Vater besuchen. Vielleicht macht sie sich Sorgen um die Kinder und vermutet, daß der Vater eine neue Freundin hat, und ist auf diese neue Frau eifersüchtig. Dürfen die beiden Mädchen unbeschwert den Wunsch äußern, ihren Vater besuchen zu wollen, ohne daß Marianne denkt, daß es ihnen bei ihr nicht gefällt und sie gerne beim Vater leben würden? – Wie immer sich die Kinder verhalten, machen sie anscheinend etwas verkehrt; sie befinden sich in einer Zwickmühle. Solche Ambivalenzen sollten von vornherein durch klare Vereinbarungen zwischen den getrennt lebenden Eltern ausgeschlossen werden. Außerdem: Die Kinder dürfen mit der Verantwortung für das Zustandekommen des Kontaktes zum anderen Elternteil nicht belastet werden.

Die Kinder nicht aufteilen

Marianne und Peter waren sich immer darüber einig, daß beide Mädchen die meiste Zeit bei ihrer Mutter leben und ihren Vater an Wochenenden sehen. Dies ist nicht immer der Fall. Andere Eltern kommen zu anderen Vereinbarungen. Manche teilen die Geschwister auf: Ein Elternteil übernimmt das Sorgerecht für ein Kind und lebt mit ihm zusammen, und der andere Elternteil lebt mit dem anderen Kind oder den anderen Kindern zusammen und hat für diese das Sorgerecht. Wir halten eine solche Regelung nicht für hilfreich und beobachten, daß diese häufig nicht im Sinne der Kinder getroffen wurde, sondern einen «faulen Kompromiß» zwischen den Eltern darstellt. Kinder werden wie Sachen «gleichgewichtig» aufgeteilt, damit kein Elternteil zu kurz kommt. Die Erwachsenen bedenken dabei nicht: Wenn Geschwister auseinandergerissen werden, dann haben die einzelnen Kinder nicht nur die Trennung von einem Elternteil zu verkraften, sondern auch noch diejenige von Bruder oder Schwester. Sie verlieren in einer Zeit großer Unsicherheit und Unklarheit auch noch das so wichtige stabilisierende Geschwisterband. Manchmal werden auf diese Weise Geschwisterbeziehungen aufgelöst, die Geschwister sehen sich nie mehr oder vielleicht erst Jahre später wieder.

Kinder sind nicht Eigentum ihrer Eltern. So ist nicht zu fragen, welcher Elternteil nach der Scheidung die größeren Rechte in bezug auf die Kinder hat, sondern unter welchen Bedingungen Kinder nach der Scheidung ihrer Eltern gute Entwicklungschancen haben, gesund und glücklich aufwachsen zu können.

Kinder brauchen Mutter *und* Vater

In der Bundesrepublik Deutschland wurde bis 1998 bei einer Scheidung in über 90 Prozent der Fälle der Mutter das Sorgerecht für die Kinder übertragen. Ähnliches gilt für die anderen deutschsprachigen Länder. In unserer Gesellschaft wie auch bei Familienrichtern ist die Auffassung immer noch tief verwurzelt, daß die Mutter am besten für die gemeinsamen Kinder sorgen kann. Die Bedeutung des Vaters für die Sozialisation des Kindes wurde lange übersehen und bis vor einigen Jahren auch kaum wissenschaftlich erforscht (vgl. Fthenakis 1985). So ist verständlich, daß sich Väter immer wieder diskriminiert fühlten und fühlen. Wahr ist allerdings auch, daß über 50 Prozent der Väter nach der Scheidung den Kontakt zu ihren Kindern abbrechen und daß diese dann ohne ihren Vater aufwachsen (vgl. Napp-Peters 1988, S. 42). Seit dem 1. Juli 1998 ist in der Bundesrepublik Deutschland das gemeinsame Sorgerecht die Norm. Man darf gespannt sein, was das neue Gesetz bewirkt und wie es dem Wohl der betroffenen Kinder dienen wird.

Hinweise für getrennt lebende Eltern

Versuchen Sie, sich nach den folgenden Umgangsregeln zu richten:

1. Wir entscheiden als Eltern gemeinsam und einvernehmlich, wo und wie unsere Kinder nach der Scheidung leben, wie der Unterhalt gewährleistet wird und wie unsere Kinder zu beiden von uns Kontakt und eine wohlwollende Beziehung behalten können.

2. Wir halten als Elternteile Termine und Vereinbarungen ein und versuchen selbst, klare und eindeutige Regelungen zwischen uns herbeizuführen.

3. Alle Regelungen werden direkt zwischen uns, den Eltern, und nicht über die Kinder getroffen. Wenn also beispielsweise der Termin des Kindes mit seinem Vater vom nächsten Wochenende verschoben werden muß, dann beauftrage ich als Mutter nicht das Kind mit dieser Mitteilung, sondern benachrichtige seinen Vater direkt.

4. Jeder achtet und respektiert den anderen Elternteil, auch wenn wir uns als Paar entzweit haben.

Rechtliche Situation

Nach der Reform des Kindschaftsrechts vom 1. 7. 1998 ist das Umgangsrecht als Recht des Kindes auf Umgang mit jedem Elternteil formuliert (§ 1684 Abs. 1 BGB). Danach sind Eltern zum Umgang mit ihrem Kind verpflichtet und berechtigt. Sie haben das Umgangsrecht zum Wohl des Kindes so auszugestalten, daß das Kind die Beziehung zu dem Elternteil, mit dem es nicht die meiste Zeit zusammenlebt, aufrechterhalten kann. Dazu ist es auf Hilfe angewiesen, gerade wenn es noch jünger ist. Auch wenn die Eltern nach der Trennung oder Scheidung große Probleme miteinander haben oder gar miteinander um Geld und Unterhalt gerichtlich prozessieren, sind sie dennoch zu wechselseitigem loyalen Verhalten gegenüber dem Kind rechtlich verpflichtet (§ 1684 Abs. 2 BGB).

Die Eltern haben Absprachen zu treffen, die primär die Bedürfnisse des Kindes berücksichtigen. Die Ausgestaltung bleibt den Eltern im einzelnen überlassen. Für das Kind ist nur wichtig, welche Vereinbarungen getroffen werden. Während der Zeit, in der sich das Kind beispielsweise bei seinem Vater befindet, mit dem es nicht die meiste Zeit zusammenlebt, hat dieser die Alleinentscheidungsbefugnis bei der alltäglichen Betreuung und in Notfällen (§ 1687a BGB).

Wenn die Eltern sich über Umgangsregelungen nicht einigen können, kann der Vater, mit dem das Kind nicht die meiste Zeit zusammenlebt, sein grundsätzlich ihm zustehendes Recht auf Umgang mit seinem Kind auch gerichtlich klären lassen. Das Familiengericht kann über den Umfang des Umgangsrechts entscheiden und diesen auch konkret näher regeln. Vor einer gerichtlichen Entscheidung wird der Familienrichter nicht nur in seiner Funktion als «Entscheidungsinstanz», sondern auch in seiner Rolle als «Vermittler» versuchen, mit den Eltern zu einer einvernehmlichen Lösung im Interesse des Kindes zu kommen. Sie ist in aller Regel einer gerichtlichen Entscheidung vorzuziehen.

5 Die zweite Partnerschaft unter Erfolgsdruck

Christina lebt sein fünf Monaten mit ihrem Freund Stefan und ihrer fünfjährigen Tochter Miriam aus der geschiedenen Ehe mit Thomas zusammen. An den Wochenenden, wenn Miriam zu ihrem Vater geht, kommt Jens, Stefans zehnjähriger Sohn aus der ersten Partnerschaft und lebt mit seinem Vater und seiner Stiefmutter Christina zusammen. An einem Donnerstagmorgen ruft Stefan seine Freundin Christina von seiner Firma aus an:

«Du, ich habe eine tolle Idee! Laß uns doch am kommenden Wochenende nach Paris fahren. Croissants und Café au lait auf dem Boulevard St. Germain – das wird herrlich! Alles Weitere überlegen wir auf der Fahrt.» – *Christinas Herz schlägt höher, als sie Stefan so reden hört. Sie war schon lange nicht mehr in Paris. Und mit Stefan würde sie gerne wieder einmal etwas unternehmen. Doch dann fällt ihr ein:* «Stefan, das geht nicht. Wir können doch Miriam nicht mitnehmen; dafür ist sie noch zu klein. Miriam ist erst wieder am nächsten Wochenende bei Thomas. Laß uns das doch am nächsten Wochenende machen.»* – *«Aber dann geht's auch nicht»,* sagt Stefan enttäuscht, *«da kommt doch Jens.»* – *«Ach, wie schade»,* sagt Christina traurig, *«wann haben wir endlich einmal Zeit für uns?»*

Stefan und Christina haben es nicht leicht, sie können ihre neue Liebe nicht unbeschwert leben. Denn von Anfang an sind Kinder da, die versorgt werden wollen. Für einen Stiefelternteil ohne eigene Kinder ist die Situation noch schwieriger, denn er «heiratet eine Familie».

Auch dem leiblichen Elternteil fällt es, wie hier Christina, schwer, sich voll und ganz dem neuen Partner zuzuwenden. Häufig verlangt Miriam gerade dann Aufmerksamkeit, wenn sie merkt, daß Christina und Stefan sich miteinander beschäftigen. Miriam hat wie alle Kinder Angst, daß sie jetzt zu kurz kommt.

Neue Rollen

Alle Mitglieder der neuen Familie müssen neue Rollen lernen, die Erwachsenen gleich mehrere verschiedene zur gleichen Zeit. Dabei entstehen viele Fragen:

Für Christina als Stiefmutter von Jens: «Wo ist in der Familie mein Platz als Stiefmutter von Jens? Was wünscht sich Stefan von mir in bezug auf Jens?»

Für Stefan als Stiefvater von Miriam: «Ich mag das kleine Mädchen sehr. Aber ich bin doch nicht ihr Vater! Wenn ich nun aber nicht ihr Vater bin, wer bin ich dann?»

Für Christina als neue Partnerin von Stefan: «Stefan ist sehr spontan, während ich eher zurückhaltend, abwartend bin. Wie können wir eine gute Partnerschaft aufbauen, in der Stefan von mir nicht gebremst und ich von Stefan nicht überfahren werde?»

Für Stefan als den neuen Partner von Christina: «Ich weiß von Christina, daß Thomas, ihr früherer Partner, sehr verschlossen war. Ich bin ganz anders. Mag mich Christina so, oder bin ich für sie zu laut, zu fordernd?»

Für Stefan und Christina als neues Paar: «Werden wir es diesmal schaffen?»

Die zweite Partnerschaft unter Erfolgsdruck

Jetzt muß es klappen

Das neue Paar steht unter Erfolgsdruck. Beide, Stefan und Christina, haben erlebt, daß Liebesbeziehungen scheitern können. Ein erneutes Scheitern könnte als Bestätigung des eigenen Versagens verstanden werden. Um so stärker ist der Wunsch, daß die neue Beziehung gelingen möge. Dazu kommen Äußerungen zwiespältiger Gefühle in der unmittelbaren Umgebung, so von Christinas Mutter, die kürzlich gegenüber ihrer Tochter folgende Bemerkung macht: «Ob das wohl gut für Miriam ist, wenn nun der Stefan bei euch wohnt? Dann kommt ja noch jedes zweite Wochenende der Jens zu euch – das muß ja so ein Kind völlig durcheinanderbringen ...»

Loyalitätskonflikte

Die vorangegangene Trennung und Scheidung wird häufig von Freunden und Verwandten dieses Paares unterschiedlich aufgenommen. Die einen trauern über den Verlust des früheren Partners und fühlen sich in ihrer Loyalität ihm verbunden. Anderen in der Verwandtschaft und Freundschaft fällt es leichter, auf den neuen Partner zuzugehen.

Loyalitätskonflikte gibt es auch bei den Kindern, wie Christina zum Beispiel berichtet: «Wenn Miriam zornig ist, dann beschimpft sie mich. Sie hält mir dann vor, daß ich nicht wolle, daß ihr Papa wieder zurückkommt. Daß Jens häufig da ist und einen Teil der kommenden Schulferien mit seinem Vater, Miriam und mir verbringen wird, gefällt ihr auch überhaupt nicht.» Es fällt Kindern schwer, sich auf den Stiefelternteil einzustellen, da sie sich dem anderen Elternteil, mit dem sie nicht mehr die meiste Zeit zusammenleben, innerlich verbunden fühlen. Vielleicht haben sie auch die Sorge, daß der oder die «Neue» nun diesen geliebten Menschen ersetzen soll und daß sie sich von einem Elternteil verabschieden müssen. Insgeheim wünschen sie sich ihren Vater bzw. ihre Mutter in die Familie zurück und den neuen Stiefelternteil weit weg. Der neue Partner und Stiefelternteil spürt diese Gefühle deutlich, ist jedoch nicht immer in der Lage, sie richtig zu deuten und einzuordnen.

Der neue Partner leidet zudem häufig darunter, die «zweite Wahl» im Leben des neuen Partners zu sein. Die Stiefkinder sind der lebendige Beweis dafür, daß es eine lange und enge Geschichte mit einem anderen vertrauten Menschen gibt. Wie schnell sind Gefühle der Eifersucht da, wenn der geschiedene Partner über die Kinder in Erscheinung tritt. So fragt Christina Stefan nicht selten, wenn er mit seiner früheren Partnerin telefoniert: «Wes-

halb mußt du immer stundenlang mit Dorothea telefonieren? Seid ihr nun getrennt oder nicht?» Ein klares Bekenntnis der beiden neuen Partner füreinander und eine liebevolle Pflege dieser neuen wertvollen Beziehung sind von allergrößter Bedeutung!

Hinweise für das neue Paar

Stiefbeziehungen sind zunächst keine gewachsenen Beziehungen, weil sie nicht in einer gemeinsamen Geschichte gründen. Lassen Sie sich also Zeit beim Aufbau der Beziehungen untereinander, auch wenn die Zeit zu drängen scheint. Haben Sie nicht den Anspruch, daß alle einander sofort lieben müssen.

Nehmen Sie Abschied von der Vorstellung, die neue Familie müsse eine harmonische Familie sein. Es ist nicht erwiesen, daß harmonische Familien besonders gute Familien sind. Entwickeln Sie Verständnis dafür, daß in Ihrer Familie die Gefühlswogen besonders hoch und tief gehen können; intensive Gefühle können von noch nicht verarbeiteten Trennungs- und Trauerprozessen herrühren. Es ist gut, wenn solche Gefühle nicht unterdrückt werden, sondern aufbrechen. Nur so wird der Anstoß gegeben, sie zu verarbeiten.

Sie werden mit der Gründung eines neuen Paar- und Familienverbundes ein komplexes, Ihnen bisher unbekanntes Unternehmen beginnen, das von Ihnen viel Einsatz, Offenheit für Neues und Experimentierfreudigkeit verlangt. Es ist deshalb wirklichkeitsfremd, in diese neuen Beziehungen mit der rosigen Erwartung hineinzugehen, daß Ihre Liebe dann, wenn es schwierig wird, schon alles richten wird. Liebe und Zuneigung zwischen den neuen Partnern sind zwar die Basis für die neue Partnerbeziehung und die Stieffamilie, aber eine Liebe, die Realitäten ausklammert, reicht für das Unternehmen «Stieffamilie» nicht aus. Es ist deshalb wichtig, mit einem warmen Herz, aber auch mit einem klaren Kopf auf die neue Situation zuzugehen.

Vorsicht, Falle!
Zuwendung direkt ausdrücken

Auch Stiefmütter oder Stiefväter können, ähnlich wie die leiblichen Elternteile, in Gefahr geraten, die Beziehungsebene zu verwechseln. So bietet z. B. der Stiefvater seiner neuen Partnerin Hilfe in der Erziehung an, indem er direkt Erziehungsverantwortung für die Stiefkinder übernimmt. Stefan übernimmt immer häufiger Tätigkeiten rund um Miriam. Er schlägt Christina vor, Miriam aus dem Kindergarten zu holen. Bei Tisch macht er Miriam auf Tischsitten aufmerksam, oder er verbietet ihr, vom Eßtisch wegzugehen, bevor ihr Teller leer ist. Er bietet Christina an, Miriam abends ins Bett zu bringen. Stefan will dadurch eigentlich seiner neuen Partnerin seine Zuneigung und Liebe deutlich machen. Dadurch, daß er Interesse an ihrer Tochter zum Ausdruck bringt, will er ihr zeigen, daß er sich für die Beziehung mit ihr entschieden hat. Ein ähnliches Signal kann die Fürsorge der Stiefmutter für die Kinder ihres neuen Partners sein. «Jens hatte immer so schäbige Hosen an, wenn er am Wochenende hier war. Nun habe ich ihm heute ein paar nette Sachen gekauft», verkündet Christina strahlend. Wenn sich nun die Stiefkinder – aus gutem Grund – den Erziehungsmaßnahmen bzw. der Sorge der Stiefelternteile verweigern, kann es zu großen Beziehungskrisen in der neuen Partnerschaft kommen (s. a. S. 85 ff. und 94 ff.). Die Falle ist offensichtlich: Über den Umweg der Erziehung der Stiefkinder versuchen Stiefelternteile, Zuneigung und Zuwendung auf der Paarebene auszudrücken. Diese Falle ist nur zu umgehen, wenn das Paar sich darin übt und lernt, Zuwendung und Zärtlichkeit direkt auszudrücken, viel miteinander zu reden und sich dafür viel Zeit zu nehmen.

Hinweise für das neue Paar

Die beiden neuen Partner in der Stieffamilie sind die Architekten der Stieffamilie! Sie übernehmen die Verantwortung für den Aufbau und die Gestaltung des neuen Ganzen. Ihre emotionale Basis als Paar schafft das Klima in der Gesamtfamilie und vermittelt Stabilität und Geborgenheit, insbesondere für die Kinder. Kümmern Sie sich deshalb vor allem darum, eine gute, tragfähige Partnerbeziehung aufzubauen, was nicht heißt, gegenüber den Bedürfnissen Ihrer Kinder unsensibel zu sein.

Nehmen Sie sich als Paar Zeit und Raum für sich allein, ohne die Kinder und Stiefkinder. Planen Sie dafür feste Zeiten ein. Die Kinder danken es Ihnen langfristig, auch wenn sie zu solchen Zeiten mit einem Babysitter vorliebnehmen müssen. Versuchen Sie, auch einen Teil des Urlaubs ohne die Stiefkinder zu verbringen.

Manchmal genügt auch schon eine bessere Organisation der Besuchswochenenden für die Kinder, damit das Paar mehr Zeit zu zweit hat. Die gemeinsame Zeit der Erholung bringt dem Paar neue Erfahrungen und mehr Raum für ihre eigene und ihre gemeinsame Entwicklung.

Achten Sie darauf, daß sich ihre Gespräche nicht auf Themen der Kindererziehung beschränken, sondern daß Sie auch Ihre gemeinsamen Bedürfnisse und Erfahrungen als Paar austauschen. Gemeinsame Gespräche sind das Fundament Ihrer Partnerbeziehung und somit auch die Basis für die Entwicklung der Stieffamilie. Sie geben außerdem ein gutes Modell für eine gelingende Partnerschaft an Ihre Kinder und Stiefkinder weiter.

Jede Stieffamilie beginnt mit einem neuen Paar. Die Kreativität, die schöpferische Kraft und der Mut zum Anderssein des Paares sind die Grundlagen für die Entwicklung der neuen Familie.

6 | Die neue Familie etabliert sich

Alle Familien haben im Laufe ihrer Entwicklung spezifische Aufgaben zu bewältigen. Zu diesen Aufgaben gehört es, Kinder aufzuziehen, zu ernähren und sie zu lebenstüchtigen Menschen zu erziehen. Die Familie gibt Schutz nach außen und gewährt ihren Mitgliedern eine unverwechselbare Identität.

Eine Stieffamilie hat nun außerdem in ihrer Gründungsphase eine Reihe von weiteren Aufgaben zu bewältigen, die nur für sie gelten und in dieser Hinsicht einzigartig sind, und zwar deshalb, weil mehrere Personen in unterschiedlichen Arten von Beziehungen zusammenkommen, die nicht in einer langjährigen gemeinsamen Familiengeschichte und -tradition begründet und gewachsen sind.

Stieffamilien brauchen eine neue Familientradition, die von allen Familienmitgliedern entwickelt und getragen wird.

Gemeinsame Familiennormen entwickeln

Das neue Paar beginnt die gemeinsame Beziehung mit einer je individuellen Vorgeschichte. Die Beziehung des einen Partners mit seinen Kindern hat schon vor der jetzigen Paar- und Stieffamiliengründung begonnen; bei jugendlichen Kindern leben Elternteil und Kinder schon lange Zeit zusammen. Innerhalb des neu zu bildenden Familienverbundes existiert also ein gut funktionierendes und eingeübtes «Team». Dieses bringt ein Bündel an gemeinsam gewachsenen Gewohnheiten, Lebensformen und Familienritualen in die neue Familie ein. Mit dem Stiefelternteil bzw. mit dem neuem Partner kommt eine Person hinzu, die ihrerseits über Jahre geformte Einstellungen und Verhaltensweisen hat. Und nun müssen diese meist unterschiedlichen Wertvorstellungen und Lebensstile aufeinander abgestimmt werden, und zwar sozusagen von heute auf morgen, denn die Mitglieder des neuen Familienverbundes leben ja nun in einem gemeinsamen Haushalt zusammen und möchten sich in dieser neuen Familienkonstellation wohl fühlen.

Kinder aus einem Teil der neuen Stieffamilie waren vielleicht dazu erzogen worden, nach dem Essen das Geschirr in die Küche zu tragen. Andere Kinder waren gewohnt, daß die Mutter den Eßtisch aufräumt, und fühlen sich nicht verpflichtet, hier mitzuhelfen. «Wenn der Manuel seinen Teller nicht in die Küche zu tragen braucht, dann tue ich dies auch nicht», so reagiert ein Kind, das bisher zum Aufräumen angehalten wurde, und widersetzt sich nun einer bisherigen Familienregel. Damit ist der Vater beziehungsweise die Mutter dieses Kindes herausgefordert. Das Kind nutzt die Gelegenheit, sich auf diese Weise von einer ungeliebten Aufgabe zu befreien. Möglicherweise sind dem Elternteil die unterschiedlichen Tischsitten bereits aufgefallen, und es besteht Handlungsbedarf. Dabei ist davon auszugehen, daß es die von vornherein richtigen oder falschen Gewohnheiten nicht gibt. Wichtig ist – und das nicht nur bei Stieffamilien –, daß für alle die gleichen Regeln und Vereinbarungen gelten. Andernfalls entsteht hier ein nicht endender Konfliktherd.

Nehmen Sie sich die Zeit, mit allen Stieffamilienmitgliedern die Vor- und Nachteile unterschiedlicher Vorgehensweisen zu erörtern. Erarbeiten Sie eine gemeinsame, nur gerade für Ihre Stieffamilie gültige Vorgehensweise, die zu einem späteren Zeitpunkt neu diskutiert und gegebenenfalls revidiert werden darf (s. a. S. 43 ff.).

Hinweise für die neugegründete Stieffamilie

1. Trauer zulassen
   Sprechen Sie als leibliche Mutter oder als leiblicher Vater mit Ihren Kindern über den Verlust von früheren Beziehungen und von früherer alltäglicher Nähe. Traurigkeit und Trauer dürfen ihren Platz haben.
2. Familiengespräche einführen
   Stieffamilien brauchen viel Raum und Zeit für Gespräche und Auseinandersetzung. Es hilft, eine feste Zeit in der Woche für solche Familiengespräche einzusetzen. Machen Sie sich und den anderen Mitgliedern der Stieffamilie deutlich, daß eine solche «Auszeit» notwendig ist und von allen eingehalten werden muß.
3. Neue Regeln finden
   Seien Sie sich bewußt darüber, daß Ihre Familie andere Regeln und auch klare Verhaltensvereinbarungen braucht und daß Sie gemeinsam solche Regeln langsam, aber stetig erfinden wollen und werden.

4. Umfeld informieren

Sprechen Sie mit Lehrern, Erzieherinnen, mit Freunden und Bekannten – und natürlich den Verwandten darüber, daß Sie eine Stieffamilie sind. Nicht selten fühlen sich jene dem früheren Partner und Elternteil weiterhin verbunden, und es fällt ihnen schwer, auf den neuen Partner und Stiefelternteil zuzugehen. Wenn sie erkennen, daß die Beziehung zum früheren Partner nicht die Zuwendung zum Neuen ausschließt, können sie ihm offener begegnen.

5. Sich Zeit lassen

Sich Zeit lassen und Zeit haben werden in der Stieffamilie immer wieder eine wichtige Rolle spielen.

Vorsicht, Falle!
Die Stieffamilie nicht in Frage stellen

Stieffamilien haben vieles zu regeln, um eine neue Lebensgemeinschaft aufbauen zu können. Dies ist häufig mühsam und gelingt nicht immer auf Anhieb. Vieles muß erprobt werden, von dem man vorher nicht weiß, ob es sich bewähren wird. Stieffamilien können kaum auf Altes und Erprobtes zurückgreifen, weil ihre Situation völlig neu und vieles unbekannt ist. Im Zusammenleben treten Unsicherheiten auf, die erst nach und nach abgebaut werden können. In solchen Situationen kann es geschehen, daß sowohl Erwachsene als auch Kinder den neuen Familienverbund in Frage stellen. Sie wünschen sich die Familie von früher – Vater-Mutter-Kind – herbei und idealisieren diese im nachhinein. Damit werten sie die Stieffamilie innerlich als weniger gut, als nicht gut genug ab. Hinweise aus der Nachbarschaft wie «Klappt es wohl mit diesen Kindern?» verführen zusätzlich, die Entscheidung für die neue Partnerschaft und für die Stieffamilie in Zweifel zu ziehen. Es ist verführerisch zu glauben, es gäbe die richtige Familie! Wenn Sie sich also mit der sogenannten Kernfamilie vergleichen, sind Sie in eine Falle geraten!

Verwandtschaftsbeziehungen in Stieffamilien

Bei der Gründung einer Stieffamilie erhalten die Erwachsenen und die Kinder neue «angeheiratete Verwandte». Auf diesen Familienzuwachs reagieren die neuen «Verwandten» unterschiedlich. Viel hängt davon ab, wie flexibel sie mit verschiedenen gesellschaftlichen Familienformen umgehen können. Eigene Familienerfahrungen, religiöse Überzeugungen und überlieferte Familienbilder spielen dabei eine bedeutende Rolle. War der geschiedene Partner im Verwandtenkreis beliebt, dann sind Verwandte enttäuscht darüber, diesen zu verlieren, und möglicherweise ungern bereit, den neuen Partner anzunehmen. In jedem Fall brauchen alle Zeit, um sich an den Familienzuwachs zu gewöhnen.

Wenn das neue Paar heiratet, sind erfahrungsgemäß Verwandte häufig schneller bereit, die neue Familie anzuerkennen. Der Status der Ehe gilt in unserer Gesellschaft als eine starke gegenseitige Verpflichtung der Partner. Stiefelternteile und meist auch die Stiefkinder fühlen sich durch die Heirat dem neuen Verwandtenkreis stärker zugehörig.

Zur Rolle der Großeltern

Großeltern sind oft sehr enttäuscht, wenn die Ehe eines ihrer Kinder endet. Wenn Enkelkinder davon betroffen sind, machen sie sich Sorgen, wie das Leben für jene weitergehen wird. Manche Großeltern nehmen nach einer Trennung wichtige Positionen ein. Sie versorgen ihre Enkel und überbrücken Notsituationen. Später, wenn der Sohn oder die Tochter eine Stieffamilie gründet und die Großeltern nicht mehr so oft benötigt werden, fühlen diese sich häufig abgeschoben. Dies ist verständlich, auch wenn sie innerlich dem Schritt ihres Sohnes oder ihrer Tochter zustimmen können. Es wäre eine schöne Geste, eine Form des Dankes zu finden, um den Einsatz der Großeltern zu würdigen.

Stiefenkel zu akzeptieren braucht Zeit

Da Großeltern ihren Kindern und den Enkeln gegenüber Loyalität empfinden, besteht in der ersten Zeit häufig eine Distanz zu der neuen Schwiegertochter oder zum neuen Schwiegersohn. Wenn diese auch Kinder in die neue Verbindung mitbringen, bekommen die Großeltern Stiefenkel. Dies fordert von Großeltern ganz neue Überlegungen, denn sie wissen oft nicht, wie sie sich diesen Kindern gegenüber verhalten sollen. Die Stiefenkel sind ihnen fremd. Deren Entwicklung haben sie nicht miterlebt und können deshalb ihr Verhalten nicht einschätzen. Bei Streitigkeiten zwischen den Kindern stellen sie sich emotional häufig auf die Seite ihrer leiblichen Enkel und distanzieren sich innerlich von den Stiefenkeln. Diese Gefühle sind normal, denn sie sind mit ihren Enkeln aufgewachsen und fühlen sich mit ihnen verbunden. Großeltern brauchen daher – wie alle Mitglieder der Stieffamilie – Zeit, um mit den Stiefenkeln vertraut zu werden. Stiefenkel sind dagegen häufig schnell bereit, ihre Stiefgroßeltern als zweite «rich-

---

tige» Großeltern anzunehmen. Wenn sich Großeltern allerdings eher distanziert verhalten und auch den Stiefelternteil skeptisch betrachten, stört dies das Zusammenwachsen der Stieffamilie.

Großeltern sind sehr wichtige Bezugspersonen für ihre Enkel. Kinder erleben in der Zeit der Trennung und danach ihre Großeltern als konstant gebliebene Ansprechpartner, die zuhören, Zeit und Verständnis für ihre persönlichen Gefühle haben.

 **Hinweise für Großeltern in Stieffamilien**
Berücksichtigen Sie als Großeltern folgendes:
▶ Nie über den Stiefelternteil schlecht reden!
▶ Nie über die Stiefenkel schlecht reden!

► Die Enkel und Stiefenkel nicht über die Stieffamilie aus-
fragen!
► Nie über die anderen Großeltern schlecht reden!
► In turbulenten Zeiten eine Oase für die Enkel sein!
► Zuhören, ohne zu bewerten!

Umgang mit Geschenken

Stiefkinder haben mehrere Großeltern und dadurch viele
Verwandte. Sie bekommen deshalb oft mehr Geschenke als
die Kinder einer Familie ohne Stiefverwandte. Manchmal
allerdings gibt es Konflikte: wenn z. B. die Großeltern für
ihre Enkel ein Sparbuch anlegen wollen, für die Stiefenkel
jedoch nicht, oder wenn bei Geburtstagen die Stiefenkel
von den Großeltern entweder gar nicht oder nur mit klei-
neren Geschenken bedacht werden.

Kinder haben ein großes Gerechtigkeitsgefühl. Wenn
nun die Stiefkinder erleben, daß sie anders als die leiblichen Kinder behandelt werden, kommen bei ihnen negative Gefühle auf.

Sprechen Sie dann in Ihrer Stieffamilie offen darüber,
daß die Kinder hauptsächlich von ihren Verwandten Geschenke bekommen und daß die Stiefverwandten nicht
ebenso viel schenken müssen. Was sie von Stiefgroßeltern
bekommen, ist also eine zusätzliche willkommene Überra-
schung. Und vielleicht können Sie als Eltern- bzw. Stiefelternteil überlegen, wie Sie eine Ungleichbehandlung ausgleichen können.

Familienfeste in Stieffamilien

Im Laufe eines Jahres gibt es in Familien immer wieder Anlaß zum Feiern, auch in der Stieffamilie. Geburtstage, Erst-
kommunion, Konfirmation, Firmung, Weihnachten und

Ostern sind Feierlichkeiten, die gern im Familienkreis begangen werden. Solche Feiern sind Prüfsteine für Stieffamilien. An diesen Tagen wird besonders deutlich, daß Vater und Mutter getrennt leben. Dies kann für Kinder schmerzlich sein, und bei den Eltern sind solche Feste häufig mit innerer Anspannung verbunden. Getrennt lebende Eltern haben für solche Ereignisse viel zu organisieren. Sie müssen Absprachen zwischen den Eltern, Stiefvater, Stiefmutter und den verschiedenen Großeltern und eventuell auch noch mit weiteren Verwandten treffen. Das ist aufwendig und kompliziert.

Geburtstage

Wenn es um den Geburtstag eines *Kindes* geht, gehören beide Eltern dazu, unabhängig davon, wie sie sich verstehen. Das Kind steht im Mittelpunkt. Dies sollte seinen Eltern Anlaß sein, für ein entspanntes und fröhliches Fest zu sorgen.

Zum Geburtstag der *Mutter* oder des *Vaters* gehört auch das Kind. Fällt der Geburtstag eines Elternteils allerdings auf einen Tag, an dem das Kind vereinbarungsgemäß beim anderen Elternteil ist, sollte dafür eine besondere Lösung gefunden werden. Vielleicht können sich die getrennt lebenden Eltern darüber verständigen, daß die Wochenenden getauscht werden oder daß das Kind außer der Reihe eigens hingefahren und wieder abgeholt wird. Ohne Mehraufwand sind solche Vereinbarungen nicht einzuhalten. Aber wenn auf diese Weise beim einen oder anderen Elternteil und vor allem für das Kind Spannungen abgebaut oder wenigstens gemindert werden, lohnt sich dieser Aufwand.

Eine andere Situation scheint gegeben, wenn ein *Großelternteil* Geburtstag hat. Ein Kind soll die Möglichkeit haben, beim Geburtstag seines Opas oder seiner Oma dabeizusein. Wenn dies bedeutet, daß es dadurch seinen Elternteil

vier Wochen lang nicht sieht, sollten die Eltern abwägen, was für das Kind wichtiger ist. Für ein kleineres Kind kann der regelmäßige Kontakt zu seinem anderen Elternteil wichtiger sein als ein Großelterngeburtstag. In solchen Fällen sollte genau zwischen den Vorstellungen der Erwachsenen und den Bedürfnissen der Kinder unterschieden werden. Und letzteres hat Vorrang.

Feiertage

Die Weihnachtsfeiertage geben häufig Anlaß zu Unstimmigkeiten zwischen den getrennt lebenden Eltern. Das belastet auch die Kinder. Deshalb ist es wichtig, die Weihnachtstage mit allen Beteiligten detailliert zu planen und genau abzusprechen, damit sie ein Fest der Freude werden. Großeltern und die anderen Verwandten helfen der Stieffamilie in diesen Tagen dadurch, daß sie ihre eigenen Ansprüche zurückstellen und so dazu beitragen, daß die Stieffamilie in ihrem engsten Beziehungsnetz Weihnachten erleben kann.

Einige Vorschläge für die Weihnachtstage:

1. Den 24. Dezember feiert das Kind bei dem Elternteil, bei dem es die meiste Zeit lebt. Den 25. und 26. Dezember verbringt es bei seinem anderen Elternteil und feiert dort mit ihm und vielleicht seinen Großeltern Weihnachten.

2. Die Kinder feiern mit ihren getrennt lebenden Eltern Weihnachten. So könnte ein Elternteil am 24. oder 25. Dezember mit seinem Kind zum anderen Elternteil fahren und dort einige Stunden verbringen. Dort kann das Kind seine Geschenke von beiden Elternteilen in Empfang nehmen. Am 25. Dezember feiert die Stieffamilie, wo das Kind die meiste Zeit lebt. Im Jahr darauf werden die Termine getauscht.

Wunschzettel für Stieffamilien

Elisabeth und Johannes Müller-May (s. S. 21) wünschen anderen Stief-familien:

Habt Geduld miteinander.

Achtet darauf, daß es keine Gewinner und Verlierer gibt. Jeder muß verzichten und dazugeben.

Kämpft nicht gegeneinander, sondern miteinander. Wenn Du gewinnen willst, wirst Du verlieren.

Es ist wichtig, immer wieder den Kontakt zum anderen Elternteil zu suchen, auch wenn es schwerfällt.

Nehmt Euch (als Paar) bewußt Zeit füreinander.

Vertretet klar und bewußt Eure Stieffamilie bei Freunden, Bekannten und Verwandten.

Es ist nichts statisch in Stieffamilien – das ist ihre Chance!

7 | *Hier finden Stieffamilien Hilfe*

Vielleicht befinden Sie sich gerade in der folgenden Situation: Sie merken, daß Sie sich von Ihrem Partner trennen müssen, weil die Schwierigkeiten unüberbrückbar geworden sind. Nun stehen wichtige Entscheidungen an: Was geschieht mit den gemeinsamen Kindern? Bei wem werden sie überwiegend leben? Wie wollen wir das Umgangsrecht gestalten? Wie können wir uns über die gemeinsame Wohnung, die Verträge aus der Partnerzeit und vielleicht das gemeinsame Vermögen einigen? Es sind Entscheidungen von großer Tragweite zu treffen, und Sie erleben, daß sich Ihre Standpunkte und die Ihres Partners nicht auf einen Nenner bringen lassen. Es stehen vielleicht zu viel Ärger, Wut und Enttäuschung zwischen Ihnen, und das gemeinsame Gespräch ist entweder abgebrochen oder von Mißtrauen und vielleicht sogar von Feindseligkeit geprägt.

Oder Sie haben diese Trennungsphase überstanden und merken heute, daß die Regelungen, die Sie damals als Eltern getroffen haben, nicht greifen. Die Kontakte Ihrer Kinder zum anderen Elternteil sind von Mißtönen begleitet. Es fällt Ihnen schwer, die Kinder zum anderen Elternteil gehen zu lassen, weil vielleicht die Zeiten oder die Häufigkeit der Kontakte, die Sie damals festgelegt hatten, nicht (mehr) stimmig sind. Oder die Kinder leiden, weil der andere Elternteil die Besuchstermine öfter kurzfristig absagt.

Oder Sie merken, daß Sie mit Ihrem früheren Partner eine finanzielle Vereinbarung getroffen haben, die Sie oder die Kinder benachteiligt. Bei der Scheidung wurden vielleicht sogenannte faule Kompromisse getroffen, die sich jetzt als nicht zuträglich erweisen.

Jugendamt und Beratungsstellen

Familien, die sich in solchen Situationen befinden, haben seit dem 1.1.1991 in der Bundesrepublik das Recht auf Beratung, und zwar beim:

▶ Jugendamt. Hier können betroffene Familien auch Hilfe bei Besuchsregelungen und Unterhaltsfragen erhalten. Die Beratung ist kostenlos.

Es gibt außer dem Jugendamt viele Stellen, die Beratung anbieten, und zwar:

▶ Ehe-, Familien- und Lebensberatungsstellen vom Caritasverband und vom Diakonischen Werk,
▶ Erziehungsberatungsstellen der Gemeinde, des Kreises oder der Stadt,
▶ Beratungsstellen von freien Trägern,
▶ freiberufliche Berater; das können sowohl Psychologen als auch Mediatoren (Adressen s. S. 167 ff.) sein.

Die Beratung bei staatlichen und kirchlichen Trägern ist ebenfalls meist kostenfrei. Die Kosten der anderen Beratungsstellen und der freiberuflich tätigen Berater richtet sich in der Regel danach, wie viele Personen an diesem Hilfeprozeß beteiligt sind. Es empfiehlt sich, vor einer Beratung oder Mediation (s. S. 168) die Kosten dafür zu erfragen. Adressen und Telefonnummern Ihres Jugendamtes oder von Beratungsstellen finden Sie im örtlichen Telefonbuch. Sie können sie auch bei der Telefonauskunft oder im Rathaus Ihrer Stadt oder Wohngemeinde erfragen.

Wichtig: Sagen Sie bereits bei der Anmeldung beim zuständigen Jugendamt oder bei der Beratungsstelle, daß Sie Mitglied einer Stieffamilie sind. Ihr Ansprechpartner wird sich dann von Anfang an angemessen auf Ihre Situation einstellen können.

Familienberatung

Wie Mitarbeiter und Mitarbeiterinnen des allgemeinen sozialen Dienstes eines Jugendamtes mit Stieffamilien arbeiten, zeigt der folgende Bericht:

Durch eine Kollegin wurde uns eine Familie vermittelt, die mit ihrer 16jährigen Tochter erhebliche Erziehungsprobleme hatte. Die Tochter verschloß sich gegenüber Mutter und «Vater», war trotzig und aggressiv. In den Vorgesprächen mit dieser Kollegin wurde deutlich, daß es sich um eine Stieffamilie handelt. Die Mutter hatte zwei Töchter aus erster Ehe, die schon erwähnte 16jährige Anna und die 9jährige Hilde. Vor eineinhalb Jahren hatte die Mutter, nachdem sie acht Jahre allein mit ihren Töchtern gelebt hatte, wieder geheiratet. Scheinbar akzeptierten beide Töchter den neuen Partner der Mutter, doch bereits nach einem halben Jahr tauchten massive Konflikte auf ... Im ersten Gespräch wurde deutlich, daß Anna während der Zeit, als sie mit ihrer Mutter und Schwester allein lebte, sehr viel Verantwortung in der Teilfamilie übernommen hatte. Der Eintritt des Stiefvaters in die Familie veränderte Annas Position, worauf sie mit Verweigerung, teilweise auch mit offener Aggression gegenüber dem Stiefvater und der Mutter reagierte. Eine Heimunterbringung war die Folge.

In den weiteren Gesprächen wurde von allen Stieffamilienmitgliedern der Wunsch geäußert, als Familie zusammenzubleiben ... Die Familienmitglieder sahen es als ihre ureigenste

Aufgabe an, Regeln des Zusammenlebens zu entwickeln, die es jedem Mitglied möglich machen, seinen Platz in der Familie zu finden. Gleichzeitig wurde vereinbart, daß die überwiegende Erziehungsverantwortung bei der Mutter liegen soll. Dies führte dazu, daß sich der Stiefvater in Erziehungsfragen stark zurücknahm und statt dessen seine Frau in den Erziehungsaufgaben unterstützte. Parallel zu diesen Prozessen bemühten sich Stiefvater und Mutter, neben der Verantwortung für die Familie, auch gezielt eigene Freiräume zu entwickeln. In Absprache mit den Kindern wurde beispielsweise festgelegt, daß bestimmte Zeiten für Aktivitäten des neuen Paares reserviert wurden ...

(Stadt Kassel, Jugendamt 1992, S. 9–10)

Mediation

In den letzten Jahren ist ein neues Verfahren, «Mediation» (Vermittlung) genannt, entwickelt worden. Dies ist ein Vorgehen, das Jugendämter, Beratungsstellen, Anwälte und seit kurzem speziell dafür ausgebildete Mediatorinnen und Mediatoren anwenden, um geschiedenen oder in Trennung lebenden Partnern zu helfen. Hierbei werden gemeinsam Regelungen erarbeitet, die beide Seiten mittragen und die allen Beteiligten zugute kommen, insbesondere auch den Kindern.

Die Mediatorinnen und Mediatoren vermitteln zwischen den getrennt lebenden Eltern mit dem Ziel, ihnen zu helfen, ihre Elternfunktionen wieder voll wahrnehmen zu können.

Die Kommunikation zwischen Ihnen und Ihrem getrennt lebenden Partner oder Elternteil soll so wiederhergestellt werden, daß Sie beide sich gegenseitig die problematischen Vorkommnisse, Situationen oder Regelungen berichten können, daß Sie sich zuhören, daß Sie mögliche Alternativen in Erwägung ziehen und diese dann auch gemeinsam ausarbeiten und anwenden.

Vorschläge und Lösungen kommen nicht von den Mediatorinnen und Mediatoren, sondern werden von Ihnen als Eltern gemeinsam erarbeitet. Sie erleben Mediation über die unmittelbar anstehenden Konfliktlösungen hinaus als friedensstiftend. Wenn es gelingt, faire Regelungen zu erarbeiten, die von Ihnen beiden anerkannt werden, dann wächst damit auch das gegenseitige Vertrauen und eine neue wohlwollende Beziehung zwischen Ihnen als Eltern.

Gewinnen werden dabei vor allem die Kinder. Wenn der Streit zwischen den beiden getrennt lebenden Eltern aufhört, dann sind diese wieder in der Lage, sich ihren Kindern unbelastet zuzuwenden und ihnen die emotionale Unterstützung zu geben, die sie brauchen. Die Gefahr, daß die Kinder zwischen den beiden sich streitenden Elternteilen aufgerieben werden, ist damit abgewendet. Die Klarheit und Eindeutigkeit der erarbeiteten Absprachen und Regelungen helfen, wieder oder neu eine zuverlässige «Routine», zum Beispiel in der Besuchsregelung, herzustellen. Diese ist notwendig, damit sich die Kinder im Zusammenleben unter den zwei Dächern der Eltern sicher und geborgen fühlen können.

Die Gespräche mit der Mediatorin oder dem Mediator sind vertraulich. Sobald einvernehmliche Regelungen gefunden wurden und beide Seiten die erarbeiteten Vereinbarungen möglichst schriftlich fixiert haben, ist der Prozeß beendet.

Selbsthilfegruppen

Die erste Selbsthilfegruppe für Stiefmütter wurde 1984 in Frankfurt / Main gegründet, danach entstanden zahlreiche weitere in anderen Städten, die sich 1989 zur «Bundesarbeitsgemeinschaft Selbsthilfegruppen Stieffamilien» zusammenfanden und den Verein «Arbeitsgemeinschaft Stieffamilien e. V.» gründeten. Ähnliche Bestrebungen gibt es inzwischen auch in Österreich und in der Schweiz (Adressen s. S. 168).

Wie kann eine Selbsthilfegruppe hilfreich sein?

▶ Wenn die Stieffamilienmitglieder im Gespräch merken, daß nicht sie es sind, die schwierig und verständnislos sind, sondern daß es ihre spezielle Lebenssituation ist.

▶ Wenn sie im Gespräch herausfinden, wie sie und andere in dieser anderen Lebensform «Stieffamilie» einen eigenen Platz für sich gewinnen und ein gutes Zusammenwirken mit allen Mitgliedern dieser Familie erreichen können.

▶ Wenn sie im von Hektik und Durcheinander geprägten Alltag Erleichterung finden können.

Daß sich bisher häufiger Stiefmütter als Stiefväter zu solchen Selbsthilfegruppen zusammengeschlossen haben, ist kein Zufall. Die Rolle der Stiefmutter ist durch besondere Vorurteile geprägt (s. S. 13 ff.). So kann das Gespräch in der Gruppe in besonderem Maße helfen, sich von negativen Vorstellungen zu lösen und zu einem neuen Selbstbewußtsein zu gelangen. Neben Stiefmütter-Selbsthilfegruppen sind jedoch auch Stiefväter-Selbsthilfegruppen und gemischte Stieffamilien-Selbsthilfegruppen entstanden, die alle das Ziel haben, «miteinander daran zu arbeiten, daß die einzelnen besser mit ihrer Situation als Stiefmutter, Stiefvater, leibliche Mutter/leiblicher Vater zurechtkommen, ihre Stieffamilie bejahen und problemfreier gestalten können» (Dusolt 1993, S. 133).

Die Selbsthilfegruppe ersetzt keine Beratung oder Therapie, aber sie kann professionelle Hilfeleistungen ergänzen. In akuten Krisensituationen sollten Sie sich an das Jugendamt oder an eine Beratungsstelle wenden. Wenn Sie die Krise überwunden haben, kann Ihnen eine Selbsthilfegruppe helfen, die aus der Beratung gewonnenen Erkenntnisse zu festigen und zu vertiefen.

Wenn Sie Kontakt zu einer bestehenden Gruppe aufnehmen möchten, oder wenn Sie Interesse haben, eine Selbsthilfegruppe zu gründen, dann wenden Sie sich an die Bundesarbeitsgemeinschaft Selbsthilfegruppen Stieffamilien (Adressen s. S. 168).

Anhang

Literatur

Empfehlenswerte Literatur für Erwachsene

Krähenbühl, Verena / Jellouschek, Hans / Kohaus-Jellouschek, Margret / Weber, Roland: Stieffamilien. Struktur – Entwicklung – Therapie, Freiburg (4) 1995
Das Fachbuch vermittelt grundlegendes Wissen zum besseren Verständnis von Stieffamilien. Die Autorinnen und Autoren haben in einer über vierjährigen Forschungsarbeit Stieffamilien begleitet und die Beratungsarbeit von insgesamt 94 Stieffamilien intensiv ausgewertet. Aufgrund dieser Untersuchung stellen sie in diesem Buch die spezifische Struktur und eine von ihnen entwickelte Typologie von Stieffamilien vor. Für die Beratung von Stieffamilien ist dieses Buch mittlerweile zu einem Standardwerk geworden.

Visher, Emily B. / Visher, John S.: Stiefeltern, Stiefkinder und ihre Familien. Probleme und Chancen, München und Weinheim 1995
Ein Standardwerk über Stieffamilien von den Pionieren der Stieffamilienbewegung in den USA. Das Ehepaar Visher lebt selbst in einer Stieffamilie und hat ein Netzwerk von Selbsthilfegruppen für Stieffamilien gegründet. In dem vorliegenden Buch wird die spezifische Situation der einzelnen Mitglieder in der Stieffamilie eingehend beschrieben.

Keyserlingk, Linde von: Stief und halb adoptiv. Neue Familie – neue Chance, Düsseldorf 1994
Die Autorin, selbst Stiefmutter, Mutter und Familientherapeutin,

gibt einen Überblick über die häufig vorkommenden Familienformen vor und nach der Trennung bis hin zur Gründung einer Stieffamilie. Ein lebendig geschriebenes Fachbuch mit anschaulichen Illustrationen und Beispielen aus der Beratungspraxis. Die Situation von Kindern ist feinfühlig beschrieben, und sowohl Betroffene als auch Fachleute erfahren viel Wissenswertes rund um die Probleme von Stieffamilien. Das letzte Drittel des Buches ist der Adoptivfamilie gewidmet.

Langner, Vera Maria: Die etwas andere Familie. Über das Zusammenleben von Stiefeltern und Stiefkindern. Ein Plädoyer, München 1996
Sehr anschaulich beschreibt die Autorin als Mutter und Stiefmutter die Gründungsphase ihrer eigenen Stieffamilie. Interviews mit Fachleuten zu spezifischen Fragen der Stieffamiliensituation ergänzen die Darstellung. Alltägliche Auseinandersetzungen und typische Vorkommnisse in Stieffamilien werden transparent, ohne daß dabei Fachbegriffe zu sehr strapaziert werden.

Empfehlenswerte Kinderbücher

Fine, Anne: Familien-Spiel, Zürich 1999
Fünf Jugendliche erzählen sich bei einem Schulausflug ihre Familiengeschichten. Alle haben eines gemeinsam – ihre Eltern sind geschieden. Sie berichten über ihre Erfahrungen in ihrer Stieffamilie, über die Beziehung zur Stiefmutter, die Eifersucht auf die Stiefschwester und wie sie sich unter zwei Dächern zu Hause fühlen. Ein Buch, das nicht nur Jugendliche anspricht und tief berühren kann.

Härtling, Peter: Lena auf dem Dach, Weinheim und Basel 1997
Lena (13) und ihr Bruder Lars (10) erleben die Trennung ihrer Eltern und die damit verbundenen Gefühle von Angst, Zorn und Enttäuschung. Sie finden in ihrer Umgebung Menschen, die sie unterstützen. Peter Härtling erzählt von Kindern, die «ihren Eltern helfen wollen, Eltern zu sein und dabei entdecken, daß Eltern auch nur Menschen sind». Ein sehr einfühlsames, poetisches Buch!

Maas, Nele / Ballhaus, Verena: Papa wohnt jetzt in der Heinrich-straße, Zürich 1988

Ab 5 Jahre. Auch als Hörkassette «Papa wohnt jetzt in der Hein-richstraße» im Buchhandel erhältlich.

Bernd schaut in Mamas Fotoalbum nach, wie es früher war. Da-mals waren sein Eltern noch glücklich verheiratet. Dann begannen sie sich immer häufiger zu streiten, bis irgendwann Papa in die Heinrichstraße zog. Die Autorin beschreibt sehr einfühlsam, wie Bernd die Trennung seiner Eltern empfindet und welche Gedanken und Sorgen er sich macht. Das schön illustrierte Bilderbuch ver-hüllt und beschönigt nichts. Bernd findet Wege, wie er sich in bei-den Wohnungen heimisch fühlen kann.

Eine umfangreiche Literaturliste wie auch eine Liste von Kin-der- und Jugendbüchern zum Thema Stieffamilie erhalten Sie von der Bundesarbeitsgemeinschaft Selbsthilfegruppen Stieffamilien (Adresse s. S. 167)

Zitierte Literatur

Beck-Gernsheim, Elisabeth: Was kommt nach der Familie? Ein-blicke in neue Lebensformen, München 1998.

Beck, Ulrich / Beck-Gernsheim, Elisabeth: Das ganz normale Chaos der Liebe, Frankfurt / M. 1990.

Bernstein, Anne C.: Die Patchworkfamilie. Wenn Väter oder Mütter in neuen Ehen weitere Kinder bekommen, Zürich 1990.

Bundesministerium für Familie, Senioren, Frauen und Jugend: Zehnter Kinder- und Jugendbericht. Bericht über die Lebenssitu-ation von Kindern und Leistungen der Kinderhilfen in Deutsch-land, Bonn 1998.

Deutsches Jugendinstitut (Hg.): Beratung von Stieffamilien. Von der Selbsthilfe bis zur sozialen Arbeit, München 1993.

Die Kinder- und Hausmärchen der Brüder Grimm, Urfassung 1812/1814, München 1983.

Combe, Sonja: Deine, meine, unsere Kinder. Als neue Familie zu-sammenwachsen, Freiburg 1998.

Dusolt, Hans (Hg.): Schritt für Schritt. Ein Leitfaden zur Gestaltung des Zusammenlebens von Stieffamilien, München 1995.

Dusolt, Traudl: Selbsthilfegruppen für Stiefmütter/Väter und ihre Partner/innen, in: Deutsches Jugendinstitut (Hg.): Beratung von Stieffamilien, München 1993.

Fine, Anne: Familien-Spiel, Zürich 1999

Finkelhor, David: A Sourcebook in Child Sexual Abuse, London 1986.

Friedl, Ingrid/Maier-Aichen, Regine: Leben in Stieffamilien. Familiendynamik und Alltagsbewältigung in neuen Familienkonstellationen, Weinheim und München 1991.

Fritsch, Ina/Sanders, Hilde: Hau ab, du bist nicht meine Mutter. Erfahrungen mit einer unliebsamen Rolle, Augsburg 1997.

Fthenakis, Wassilios, E.: Väter. Vater-Kind-Beziehung in verschiedenen Familienstrukturen, Band II, München 1985.

Fthenakis, Wassilios E.: Trennung, Scheidung, Wiederheirat. Wer hilft dem Kind?, Weinheim und Basel 1996.

Furstenberg, Frank F./Cherlin, Andrew W.: Geteilte Familien, Stuttgart 1993.

Gardner, Richard A.: The Parental Alienation Syndrome, Cresskill NJ (2) 1992.

Giesecke, Hermann: Wenn Familien wieder heiraten. Neue Beziehungen für Eltern und Kinder, Stuttgart 1997.

Greitemeyer, Dagmar: Die Trennungsfamilie. Trennung als Neubeginn, München 1998.

Härtling, Peter: Lena auf dem Dach. Weinheim und Basel 1997

Kaufmann, Patricia/Luck, Clemens von: Der neue Mann im Haus. Wenn Mütter sich wieder binden, Frankfurt 1998.

Keyserlingk, Linde von: Stief und halb und adoptiv. Neue Familie – neue Chance, Düsseldorf 1994.

Kohli, Martin: Gesellschaftszeit und Lebenszeit. Der Lebenslauf im Strukturwandel der Moderne. In: Berger, Johannes (Hg.): Die Moderne – Kontinuitäten und Zäsuren. Soziale Welt, Sonderband 4, Göttingen 1986, S. 183–208.

Krähenbühl, Verena/Jellouschek, Hans/Kohaus-Jellouschek, Margret/Weber, Roland: Stieffamilien: Struktur, Entwicklung, Therapie, in: Familiendynamik, Heft 1, Januar 1984, S. 2–17.

Krähenbühl, Verena/Jellouschek, Hans/Kohaus-Jellouschek, Margret/Weber, Roland: Stieffamilien. Struktur – Entwicklung – Therapie, Freiburg (4) 1995.

Kübler-Ross, Elisabeth: Interview mit Sterbenden, Stuttgart 1969.

Langner, Vera-Maria: Die etwas andere Familie. Über das Zusammenleben von Stiefeltern und Stiefkindern. Ein Plädoyer. München 1996.

Ley, Katharina / Borer, Christine: Und sie paaren sich wieder – Über Fortsetzungsfamilien, Tübingen 1992.

Maas, Nele / Ballhaus, Verena: Papa wohnt jetzt in der Heinrichstraße, Zürich 1988

Millhahn, Ulrike: Von der Schwierigkeit, eine gute Stiefmutter zu sein, Frankfurt / M. 1993.

Napp-Peters, Anneke: Scheidungsfamilien, Frankfurt / M. 1988.

Napp-Peters, Anneke: Familien nach der Scheidung, München 1995.

Ricci, Isolina: Mutters Haus – Vaters Haus. Trotz Scheidung Eltern bleiben. Wenn sich Eltern scheiden lassen: Wie Kinder dennoch glücklich bleiben, Zürich 1997.

Ritzenfeld, Sigrun: Kinder mit Stiefvätern. Familienbeziehungen und Familienstruktur von Stiefvaterfamilien, Weinheim, München 1998.

Russel, Diana E. H.: The Prevalence and Seriousness of Incestuous Abuse: Stepfathers vs. Biological Fathers, in: Child Abuse & Neglect, Vol. 8, 1984, S. 15–22.

Schmidt, Andreas: Mehr Vater fürs Kind – auch nach Trennung und Scheidung, Weinheim 1998.

Schütze, Yvonne: Die gute Mutter. Zur Geschichte des normativen Musters «Mutterliebe», in: Karsten, Maria-Eleonora / Otto, Hans-Uwe (Hg.): Die sozialpädagogische Ordnung der Familie, München und Weinheim 1987, S. 45–66.

Stadt Kassel, Sozialer Dienst: Offensive Jugendhilfe in Kassel, September 1992.

The Sunday Times Magazine: «Is this the End of Happy Families?» London, 22. November 1998, S. 23–35.

Visher, Emily B. / Visher, John S.: Stiefeltern, Stiefkinder und ihre Familien. Probleme und Chancen, München und Weinheim 1995.

Wallerstein, Judith / Blakeslee, Sandra: Gewinner und Verlierer. Frauen, Männer, Kinder nach der Scheidung, München 1989.

Adressen

Jugendamt und Beratungsstellen

Adresse und Telefonnummer Ihres Jugendamtes finden Sie im örtlichen Telefonbuch, bei der Telefonauskunft, oder Sie können sie im Rathaus Ihrer Stadt oder Wohngemeinde erfragen.

Das Jugendamt vermittelt auch Adressen von Beratungsstellen.

Adressen von Beratungsstellen in öffentlicher und freier Trägerschaft erhalten Sie auch unter den folgenden Adressen:

Bundeskonferenz
für Erziehungsberatung e. V.
Herrnstr. 53
90763 Fürth
Tel.: (0911) 977141
Fax.: (0911) 745497
Internet-Adresse:
http://www.bke.de

Deutsche Arbeitsgemeinschaft
für Jugend- und Eheberatung
e. V. (DAJEB)
Neumarkter Straße 84c
81673 München
Tel.: (089) 4361091
Internet-Adresse: http://members@aol.com/ unter Suchbegriff DAJEB
E-Mail: dajeb@aol.com

Bundesarbeitsgemeinschaft für
Beratung bei Familienkrisen,
Trennung und Scheidung
Günterstalstr. 41
79102 Freiburg
Tel.: (0761) 2000

Evangelische Konferenz
für Familien- und Lebensberatung e. V.
Ziegelstr. 30
10117 Berlin
Tel.: (030) 283039-27-28

Mediation

Bundesarbeitsgemeinschaft für Familien-Mediation (BAFM)
Haspelstr. 24
35037 Marburg
Tel.: (06421) 25094-6
Fax.: (06421) 15989
Internet-Adresse: http://members@aol.com unter Suchbegriff
BAFM

Bei der BAFM können Sie eine Adressenliste der privaten Mediatorinnen und Mediatoren Ihres Wohngebiets anfordern.

Selbsthilfegruppen

Deutschland

Bundesarbeitsgemeinschaft Selbsthilfegruppen Stieffamilien (BAG)
Sulzbacher Straße 15–21
65812 Bad Soden
Tel.: (06196) 641503
Internet-Adresse: http://members@aol.com/unter Suchbegriff
BAG
E-Mail-Adresse: BAG.Stieffamilien@aol-online.de

Bei der BAG Stieffamilien können Sie eine Liste der Selbsthilfegruppen in Ihrem Wohnbereich anfordern.

Schweiz

Region Basel:
Frau Ruth Tremp
Stadtweg 35
CH-4310 Rheinfelden
Tel.: (0041-61) 8314679

Region Winterthur:
Frau Rahel Graf
Im Schuder 10
CH-8416 Flaach
Tel.: (0041-52) 3181155

Österreich

Frau Gertraud Balzer
Hernstorferstr. 7/2
A-1140 Wien
Tel.: (0043-1) 9143841

Frau Ingrid Frohnwieser
Grillparzerstr. 10
A-6067 Absam
Tel. (0043-5223) 52094

Internet

Wenn Sie Informationen zum Thema «Stieffamilien» im Internet suchen, sind folgende Hinweise hilfreich und zeit-sparend:

Stieffamilienthemen finden Sie unter den Suchbegriffen Stieffamilien – Stiefmutter – Stiefkind – Stiefvater – Fami-lienkonflikt – Wiederheirat – Trennung – Scheidung.

In englischer Sprache finden Sie über die Suchmaschine http://www.webcrawler.com unter den Suchbegriffen stepfamily – stepchild - stepmother – stepfather umfang-reiche Informationen und praktische Hilfestellungen.

Die Autorinnen

Verena Krähenbühl war von 1980-1998 Professorin für Sozialarbeits-wissenschaft an der Evangelischen Fachhochschule Darmstadt und ist als Paar-, Familien- und Organisationsberaterin tätig. Sie war Initiatorin und Forschungsleiterin einer Untersuchung von Stief-familien (1980–1986) und hat ein Standardwerk zum Thema verfaßt (Krähenbühl, u. a.: Stieffamilien. Struktur – Entwicklung – Therapie. Freiburg 1995, 4. Aufl.). Sie arbeitet therapeutisch mit Stief-familien und ist auf Fortbildungen, Tagungen und Seminaren zu diesem Thema tätig.

Anneliese Schramm-Geiger ist Dipl.-Sozialarbeiterin, Systemische Familientherapeutin, Supervisorin sowie Lehrbeauftragte an der Evangelischen Fachhochschule Darmstadt. Sie ist Mutter einer er-wachsenen Tochter in einer Stieffamilie.

Jutta Brandes-Kessel ist Dipl.-Sozialpädagogin und Systemische Fa-milientherapeutin, arbeitet in einer Erziehungs-, Ehe- und Famili-enberatungsstelle und führt Seminare zu Stieffamilien-Themen durch. Sie lebt in einer Stieffamilie und ist Stiefmutter.

Kinder haben eine Lobby

die **Deutsche Liga für das Kind**

Partner von _rororo Mit Kindern leben_

Die Deutsche Liga für das Kind ist ein Zusammenschluß der wichtigsten Verbände, die sich für die Belange der Kinder in den ersten Lebensjahren einsetzen.

Die Liga verfaßt Stellungnahmen zu Gesetzentwürfen, organisiert Fachtagungen, initiiert Projekte, ist Herausgeber der Zeitschrift _frühe Kindheit_ und bietet Eltern und Fachleuten ihre Service-Leistungen an.

Für einen guten Start ins Leben
Die Info-Pakete der Deutschen Liga für das Kind

☐ **Paket 1** (12,- DM incl. Versandkosten)

- Informationen über Mutterschutz und staatliche Leistungen für Eltern
- Entwicklungskalender erstes Lebensjahr
- Faltblatt mit Informationen zum Stillen
- Adressenliste von Einrichtungen „Rund um die Geburt und das 1. Lebensjahr"
- Informationen über die Deutsche Liga für das Kind
- Gesamtverzeichnis der Reihe _Mit Kindern leben_

☐ **Paket 2** (18,- DM incl. Versandkosten)
Inhalt wie Paket 1, zusätzlich:
- 12 Elternbriefe zum 1. Lebensjahr, hrsg. vom Arbeitskreis Neue Erziehung
- Probeexemplar der Zeitschrift _frühe Kindheit_

Sie können Ihre Bestellung telefonisch oder per Fax aufgeben oder diese Seite an folgende Adresse schicken:

DEUTSCHE LIGA FÜR DAS KIND in Familie und Gesellschaft e.V.
Chausseestr. 17, 10115 Berlin
Tel.: 030 - 28 59 99 70   e-mail: Liga-Kind@liga-kind.de
Fax: 030 - 28 59 99 71   Internet: www.liga-kind.de
Commerzbank Berlin, Konto 266 2385, BLZ 100 400 00

Kinder brauchen eine Lobby

In der Deutschen Liga für das Kind arbeiten Fachleute aus den Bereichen Gesundheit, Erziehung, Sozialwissenschaften und Recht zusammen und ermöglichen einen intensiven Kontakt zu Wissenschaft, Praxis und Politik. Dabei stehen folgende Aufgabenbereiche im Mittelpunkt:

Kinder brauchen starke Eltern
Die Elternverantwortung zu stärken, bedeutet nicht nur, öffentlich auf die unverzichtbare Rolle der Eltern hinzuweisen, sondern auch, Eltern selbst Aufklärung und Unterstützung anzubieten.

Kinder brauchen Schutz
Kinder haben ein Recht auf die Förderung ihrer natürlichen Begabungen. Das gilt nicht nur für den rechtlichen Schutz, sondern auch für familienergänzende, wenn nötig familienersetzende Angebote für Kinder.

Kinder brauchen Beteiligung
Schon von Geburt an muß die eigenständige Persönlichkeit des Kindes sowohl im rechtlichen, als auch im psychologischen Sinne Anerkennung finden. Hierzu gehört auch, die Interessen von Kindern und Familien im politischen Raum zu stärken.

Kinder brauchen materielle Gerechtigkeit
Die Entscheidung für ein Kind gehört heute zu den größten Armutsrisiken. Der Beitrag, den die Erziehung von Kindern in der gesellschaftlichen Gesamtrechnung leistet, wird in unserem Steuer- und Rentensystem in einer nicht länger hinzunehmenden Weise unterbewertet. Eine Korrektur dieses Mißstandes ist überfällig.

Kinder brauchen bessere Lebensbedingungen
Beim Wohnungsbau, der Stadt- und Regionalplanung und in allen anderen Feldern, die zur Lebensqualität von Familien beitragen, müsen Bedingungen geschaffen werden, die ein Leben mit Kindern erstrebenswert machen. Dies gilt auch für die Arbeitsplatz- und Arbeitszeitgestaltung der Eltern.

Praktische Tips, Ideen, Rat-
schläge – Anregungen für
den Umgang mit Kindern in
der Freizeit.

Barbara Cratzius
Allererste Kinderrätsel *Denk-*
spaß für Eltern und Kinder
(rororo sachbuch 19143)

Thomas Feibel
Multimedia für Kids: Spielen und
lernen am Computer *Was*
Eltern und Pädagogen
wissen müssen
(rororo sachbuch 60423)

Sabine Friedrich /
Volker Friebel
Trau dich doch! *Wie Kinder*
Schüchternheit und Angst
überwinden
(rororo sachbuch 19729)

Wolfgang Hering
Spiel-Lieder mit Pfiff *Spaß und*
Bewegung für Kinder ab 2
(rororo sachbuch 60610)

Klaus W. Hoffmann
Kinder brauchen Bewegung
Übungen, Spiele und
Lieder für Kinder und
Erwachsene
(rororo sachbuch 60325)

Jürgen Junker-Rösch
Gemeinsam Spielen *Spaß und*
Spannung für kleine und
große Gruppen
(rororo sachbuch 19147)

Raimund Pousset
Fingerspiele und andere
Kinkerlitzchen *Spiel-Lust mit*
kleinen Kindern
(rororo sachbuch 60641)

JÜRGEN JUNKER-RÖSCH

Spaß und Spannung für kleine und große Gruppen
GEMEINSAM
SPIELEN
rororo
MIT KINDERN LEBEN

Cornelia Nitsch
Kinder können alleine spielen
Spannung, Spaß und Rätsel
für Kinder von 3–10
(rororo sachbuch 60329)
Wenn die Enkel kommen *Spaß*
und Spiele für Großeltern
und Kinder
(rororo sachbuch 60205)

Iris Schürmann-Mock
Nudeln, Pommes – und was
sonst? *Gesunde Kinder-*
ernährung mit Spaß und
Genuß. Pfiffige Rezepte für
groß und klein
(rororo sachbuch 60501)

Elfi Schuster
Basteln mit den ganz Kleinen
Spiel und Spaß von 1–4
(rororo sachbuch 19503)

Weitere Informationen in der
Rowohlt Revue, kostenlos im
Buchhandel, und im **Internet:**
www.rororo.de

Jan-Uwe Rogge, geboren 1947, ist verheiratet, hat einen Sohn und lebt in der Nähe von Hamburg. Er arbeitet freiberuflich als Familien- und Kommunikationsberater und zur Medienforschung. Seit Anfang der achtziger Jahre führt er Elternseminare und Fortbildungsveranstaltungen durch, die sich großer Beliebtheit erfreuen.

JAN-UWE ROGGE/REGINE ROGGE

Die besten Kassetten und CDs, Hörclubs für Kids, Tips zum Selbermachen

ZUHÖREN MACHT SPASS

In Zusammenarbeit mit dem Hessischen Rundfunk
Empfohlen von der Stiftung «Zuhören»

MIT KINDERN LEBEN

Jan-Uwe Rogge
Pubertät – Loslassen und Haltgeben
208 Seiten. Gebunden
Die Pubertät ist mühsam für alle Familienmitglieder, die Nerven liegen bloß. Die geduldigsten Eltern sind verunsichert und mit ihrem pädagogischen Latein am Ende. Der Nervenkrieg muß nicht sein. Bestsellerautor Jan-Uwe Rogge zeigt, wie Eltern produktiv mit der Pubertät ihres Kindes umgehen können.

Kinder haben Ängste *Von starken Gefühlen und schwachen Momenten*
288 Seiten. Gebunden und als rororo sachbuch unter dem Titel
Ängste machen Kinder stark
(mit kindern leben 60640)
Jan-Uwe Rogge besteht darauf, daß Kinder Ängste brauchen. Denn sie machen stark, wenn Kinder lernen, wie die Angst zu bewältigen ist.

Eltern setzen Grenzen
(mit kindern leben 19556)

Kinder können fernsehen *Vom sinnvollen Umgang mit dem Medium*
(mit kindern leben 60753)

Kinder brauchen Grenzen
(mit kindern leben 19366)
Wie Sie den täglichen Erziehungsstreß vermeiden können, ohne gleich in autoritäre Verhaltensweisen zu verfallen: das zeigt dieses Buch an zahlreichen konkreten Situationen aus dem Erziehungsalltag.

Jan-Uwe Rogge /
Regine Rogge
Zuhören macht Spaß *Die besten Kassetten und CDs, Hörclubs für Kids, Tips zum Selbermachen*
(mit kindern leben 60830)

Jan-Uwe Rogge / Moni Port
Ein Wolkenlied für Omama
(rororo rotfuchs 20955)
Sonst beiß ich dich!
(rororo rotfuchs 20968)

Weitere Informationen in der **Rowohlt Revue**, kostenlos im Buchhandel, und im **Internet: www.rowohlt.de**

rororo sachbuch